**“ධම්මෝ හි වාසෙට්ඨා, සෙට්ඨෝ ජනේතස්මිං**
**දිට්ඨේ චේව ධම්මේ, අභිසම්පරායේ ච.”**

වාසෙට්ඨයෙනි, මෙලොවෙහි ත්, පරලොවෙහි ත්
ජනයා අතර ධර්මය ම ශ්‍රේෂ්ඨ වෙයි !

*- අග්ගඤ්ඤ සූත්‍රය - භාගවත් බුදුරජාණන් වහන්සේ*

# නුවණ වැඩෙන බෝසත් කථා - 25
# ජාතක පොත් වහන්සේ
(සිගාල වර්ගය)

පූජ්‍ය කිරිබත්ගොඩ ඤාණානන්ද ස්වාමීන් වහන්සේ

© සියලුම හිමිකම් ඇවිරිණි.

ISBN : 978-955-687-141-8

ප්‍රථම මුද්‍රණය : ශ්‍රී බු.ව. 2561 ක් වූ ඉල් මස පුන් පොහෝ දින

සම්පාදනය : මහමෙව්නාව භාවනා අසපුව
වඩුවාව, යටිගල්ඔළුව, පොල්ගහවෙල.
දුර : 037 2244602
info@mahamevnawa.lk | www.mahamevnawa.lk

පරිගණක අකුරු සැකසුම, පිටකවර නිර්මාණය සහ ප්‍රකාශනය :
මහාමේඝ ප්‍රකාශකයෝ
වඩුවාව, යටිගල්ඔළුව, පොල්ගහවෙල.
දුර : 037 2053300, 076 8255703
mahameghapublishers@gmail.com

මුද්‍රණය : තරංජි ප්‍රින්ට්ස්,
506, හයිලෙවල් පාර, නාවින්න, මහරගම.
ටෙලි: 011-2801308 / 011-5555265

# නුවණ වැඩෙන බෝසත් කථා - 25
# ජාතක පොත් වහන්සේ
## (සිගාල වර්ගය)

සරල සිංහල පරිවර්තනය

**පූජ්‍ය කිරිබත්ගොඩ ඤාණානන්ද ස්වාමීන් වහන්සේ**

මහාමේඝ MAHAMEGHA

**ප්‍රකාශනයකි**

# පෙරවදන

ජාතක පොත් වහන්සේ ඔබ කියවලා ඇති. කුඩා අවධියේත්, පාසලේදීත්, සරසවියේත්, පන්සලේ බණ මඩුවේත්, වෙසක් නාඩගමේත් අපි ජාතක කථා රස වින්දෙමු. නමුත් එහි සැබෑ අරුත කුමක් දැයි තේරුම් ගන්නට අප සමත් වූ වගක් නම් නොපෙනේ.

'නුවණ වැඩෙන බෝසත් කථා' නමින් ඒ ජාතක කථා ඔබේම භාෂාවෙන් ඔබට කියවන්නට ලැබෙන්නේ එයින් ඉස්මතු වන අරුතත් සමඟිනි. මෙහි අරුත් දැන එම කථාවත් මතක තබා ගෙන සත්පුරුෂ ගුණධර්ම දියුණු කර ගන්නට මහන්සි ගන්නේ නම් එය ජාතක කථාවෙන් ඔබට ලැබෙන සැබෑම ප්‍රතිඵලයයි.

**හැම දෙනාටම තෙරුවන් සරණයි!**

මෙයට,
ගෞතම බුදු සසුන තුළ මෙත් සිතින්,
**පූජ්‍ය කිරිබත්ගොඩ ඤාණානන්ද ස්වාමීන් වහන්සේ**
ශ්‍රී බුද්ධ වර්ෂ 2560 ක් වූ වෙසක් මස 31 දා

මහමෙව්නාව භාවනා අසපුව
වඩුවාව, යටිගල්ඔළුව,
පොල්ගහවෙල.

# පටුන

## 25. සිගාල වර්ගය

නමෝ තස්ස භගවතෝ අරහතෝ සම්මාසම්බුද්ධස්ස
**ඒ භාග්‍යවත් අර්හත් සම්මා සම්බුදුරජාණන් වහන්සේට නමස්කාර වේවා!**

# 01. සබ්බදාඨ ජාතකය

## සබ්බදාඨ සිවලාගේ කතාව

පින්වතුනේ, පින්වත් දරුවනේ,

කෙනෙකුට ලැබෙන ලාභසත්කාර කීර්ති ප්‍රශංසා කියන්නේ ලෝකයේ තිබෙන නොවෙනස්, සනාතන, ස්ථිර දෙයක් නොවේ. ඒවා වුනත් කලක දී නැතිව යනවා. නමුත් අසත්පුරුෂයාට සිතෙන්නේ ඒවා හැමදාම තමා ළඟ තබාගන්ටයි. ඒ සඳහා තමන්ට අභියෝගයක් ය කියා සිතෙන ඕනෑම කෙනෙකුව වනසන්ට ඒ අසත්පුරුෂයා පසුබට වෙන්නේ නෑ.

දේවදත්තත් පැවිදි වූ මුල් කාලයේ හොඳින් ධර්ම විනය ඉගෙන ගත්තා. ධ්‍යානත් උපදවා ගත්තා. ඍද්ධිප්‍රාතිහාර්ය පෑමේ හැකියාවත් ඇති කරගත්තා. ඊට පස්සේ ඔහු හිතුවේ තමාත් සුවිශේෂී චරිතයක් ය කියලයි. දැන් තමාත් දඹදිව ප්‍රධානතම කෙනෙක් වෙන්ට ඕනෑ කියා සිතුවා. නොයෙක් හාස්කම් දක්වා අජාසත් කුමාරයාව පහදවා ගත්තා. අජාසත්ගේ සහාය ඇතිව බොහෝ ලාභසත්කාර උපදවා ගත්තා. නමුත් ඒ කිසිවකින් සෑහීමට පත් නොවී භාග්‍යවතුන් වහන්සේව ඝාතනය කරවන්ට රා කළ දහසයක්

පොවා මත් කරවා හෙණ්ඩුවෙන් ඇන කුලප්පු කරවා නාලාගිරි හස්තිරාජයා භාග්‍යවතුන් වහන්සේ ඉදිරියට කෝප ගන්වා එව්වා. කිසිවෙකුටත් සිතාගන්ට බැරි දෙයක් සිදු වුනේ. අපගේ භාග්‍යවතුන් වහන්සේගේ මහාකරුණා මෙත් සිලිලාරෙන් නාලාගිරියා තෙමී ගියා. ඔහුගේ වෛරී හිඳී ගියා. කෝපය සංසිඳී ගියා. කුඩා සිඟිති පැටවෙකු සෙයින් භාග්‍යවතුන් වහන්සේ ඉදිරියේ වැඳ වැටුනා. සදහටම දමනය වුනා.

මේ හේතුව නිසා දේවදත්තගේ සියලු ලාභසත්කාර නැති වී ගියා. කවුරුවත් ගණන් ගන්නේ නැතිව ගියා.

ඒ දිනවල අපගේ භාග්‍යවතුන් වහන්සේ වැඩ වාසය කළේ රජගහනුවර වේළුවනයේ. එදා දම්සභා මණ්ඩපයට රැස්වූ භික්ෂූන් වහන්සේලා දෙව්දත් උපදවාගත් ලාභසත්කාර කීර්ති ප්‍රශංසා ඔහුට දිගටම පවත්වා ගන්ට බැරි වීම ගැන කතා කරමින් සිටියා. ඒ අවස්ථාවේ භාග්‍යවතුන් වහන්සේ එතැනට වැඩම කොට වදාළා. භික්ෂූන් වහන්සේලා තමන් කතාකරමින් සිටි කරුණ භාග්‍යවතුන් වහන්සේට සැළකළා. භාග්‍යවතුන් වහන්සේ මෙසේ වදාළා.

"මහණෙනි, දේවදත්තට තමන් උපදවා ගත් ලාභ සත්කාර අතුරුදන්ව ගියේ මේ ආත්මේ විතරක් නොවේ. කලින් ආත්මෙකත් ඔය විදිහට ලාභසත්කාර අතුරුදන්ව තමාත් වැනසී ගියා" කියා මේ අතීත කතාව ගෙනහැර දක්වා වදාළා.

"මහණෙනි, ගොඩාක් ඉස්සර කාලෙක බරණැස්පුරේ බ්‍රහ්මදත්ත නමින් රජ්ජුරු කෙනෙක් රාජ්‍ය කළා. ඔය කාලේ මහා බෝධිසත්වයෝ ඒ රජ්ජුරුවන්නේ

පුරෝහිතයාව සිටියා. ඒ පුරෝහිත බ්‍රාහ්මණයා ත්‍රිවේදයේත් අටළොස් ශිල්ප විද්‍යාවන්හිත් පරතෙරට පත්ව සිටියා. ඔහු පෘථුවිජය නමැති මහා බලගතු මන්ත්‍රයක් දන්නවා. ඒ මන්ත්‍රය සිහිකිරීමෙන් සියලු ජය ලැබෙනවා කියලයි කියන්නේ. දවසක් බෝධිසත්වයෝ ඒ මන්ත්‍රය සිද්ධි කරගැනීම පිණිස හොඳින් සජ්ඣායනා කරගන්ට ඕනෑ කියලා ජනශූන්‍ය පාළු මිදුලක ඇති ගල්තලාවක වාඩිවෙලා මන්තරේ සජ්ඣායනා කළා. හඬ නගා කිව්වා. ඒ මන්තරේ ඊට අදාළ විධි ක්‍රමයන් නැතිව අන්‍යයන්ට අස්සවන්ට හොඳ නෑ. ඒකයි එබඳු තැනකට ගොහින් පිරිවැහුවේ.

බෝධිසත්වයෝ මන්තරේ සජ්ඣායනා කරද්දී ඒ අසලම ගුලක සැඟවී සිටි සිවලෙක් කන්යොමා අසාගෙන සිටියා. මොහු කලින් ආත්මයේ පෘථුවිජය මන්ත්‍රය ප්‍රගුණව සිද්ධි බල පිහිටා සිටි බ්‍රාහ්මණයෙක්. ඒ නිසා මොහුට ඇසූ පමණින් ම හොඳට මතක හිටියා. පෙර ආත්මයේ ප්‍රගුණව තිබූ මන්ත්‍ර බලය නැවත සිද්ධි වුනා. බෝධිසත්වයෝ මන්තරේ හොඳින් සිද්ධි වුනාට පස්සේ නැගිටලා "බොහෝම අගෙයි.... මන්තරේ හරි අගේට ප්‍රගුණ වුනා" කියලා කිව්වා. එතකොට බිලෙන් එළියට ආ නරියා "එම්බල බ්‍රාහ්මණය, හභ්.... ඔහේට විතරක් නොවේ මටත් පෘථුවිජය මන්තරේ හොඳට ප්‍රගුණ වුනා" කියලා එතැනින් පලා ගියා.

'අයියෝ.... මේ හිවල් මොටා මේ මන්තරේ නිසා මහා අකුසල් කරගන්ට පුළුවනි' කියලා "අල්ලාපියව්, අල්ලපියව් මේ හිවලා" කියා ටික දුරක් උගු පස්සෙන් පැන්නුවා. සිවලා පැන ගිහින් වනය ඇතුලට රිංගා ගත්තා. උගු වනේට ගිහිං එක්තරා සිවලියකගේ ඇඟ

ටිකාක් සැපුවා. "ආං.... මේං වැඩක්.... මේ බලාපන්කෝ මෙයැයිට හැදිච්චි විසේ! නරි කෝලං.... මොකෝ ඔහේට මේ වෙලා තියෙන්නේ?"

"මේ.... නරිච්චියේ.... තී දන්නවැයි මං කව්දැයි කියාලා. හා.... කියාපිය බලන්ට."

"හනේ.... මං දන්නැතෙයි ඔහේ කවුදැයි කියාලා" කියා නරිදෙන පිළිතුරු දුන්නා.

සිවලා පෘථුවිජය මන්ත්‍රය අධිෂ්ඨාන කරලා පිරිවහන්ට පටන් ගත්තා. නොයෙක් සියගණන් සිවල්ලු තමන්ගේ අණසකට යටත් කරගත්තා. වනාන්තරේ සිටි හස්තීන්, අශ්වයින්, සිංහ, ව්‍යාඝ්‍රාදීන්, මුවන්, හූරන් ආදී සියලු සිව්පාවුන් තමන්ගේ අණසකට යටත් කර ගත්තා. තමන් සබ්බදාඨ නමින් රජවුනා. එක් සිවලියක් අගමෙහෙසිය කරගත්තා. දැන් ඇතුන් දෙන්නෙකුගේ පිට මත සිංහයෙක් ඉන්නවා. සිංහයාගේ පිට මත සබ්බදාඨ සිවල් රජා සිවල් අගමෙහෙසිය සමග වාඩිවෙලා ඉන්නවා. ඔවුන්ට මහා යසපිරිවර ඇති වුනා.

දැන් මේ සිවල් රජා යස ඉසුරින් මත් වුනා. මහා මාන්නයක් ඇති වුනා. "දැන් මට බරණැස් රාජ්‍යයත් ගන්ට පුළුවනි" කියලා සියලු සිව්පා සේනා පිරිවරා ගෙන බරණැස වට කළා. මොහුගේ සේනාව දොළොස් යොදුනක පැතිර සිටියා. සිංහයා පිට මත සිටි සිවල් රජා "එම්බල බරණැස් රජ, තාගේ රාජ්‍ය දෙනු, නැතිනම් යුද්ධ කරනු!" කියා රජුට දූතයෙකු යැව්වා. බියෙන් තැතිගත් බරණැස්වාසී සියලු මනුෂ්‍යයෝ නගරයේ දොරටු වසාගෙන සිටියා.

බෝධිසත්වයෝ රජ්ජුරුවන් බැහැ දකින්ට ගියා. "මහරජුනි, භය ගන්ට කාරි නෑ. සබ්බදාඨ සිවලා එක්ක යුද්ධ කරන එක මට භාර දෙන්ට. මං හැර ඒකා සමග යුද්ධ කරන්ට පුළුවන් වෙන කෙනෙක් නෑ" කියලා බෝධිසත්වයෝ රජ්ජුරුවන්වයි නගරවැසියන්වයි අස්වැසුවා. 'හරි.... දැන් මං සබ්බදාඨයාගෙන් අසන්ට ඕනෑ ඒකා මේ රාජ්‍යය අල්ලාගන්ට යන්නේ මොන විදිහේ යුද්ධයකින් ද කියලා' කියා බෝධිසත්වයෝ නගරද්වාර අට්ටාලයට නැග්ගා. ඇතා පිට උන් සිංහයා මත තමන් එදා මන්ත්‍රය පිරුවහද්දී හොරෙන් අසා හුන් සිවලා රජවෙලා ඉන්නා සැටි දැක්කා. දැකලා මෙහෙම ඇසුවා.

"සබ්බදාඨ, තෝ මේ රාජ්‍ය අල්ලන්ට යන්නේ කුමක් කරලාද?"

"හහ්.... එම්බල පුරෝහිතය, මං සිංහනාද කොරෝනවා. සිංහනාද කොරලා ඒ භයංකාර සද්දෙන් කම්පා කොරෝලා මුළු රට ම අල්ලා ගන්නවා."

"හා.... හා.... ඔය ඇති" කියලා බෝධිසත්වයෝ අට්ටාලයෙන් බැස්සා. දොළොස් යොදුනක් පුරා බරණැස් නුවර සිටිනා ජනයා හට මෑ පිටිවලින් කළ ගුලි හදා තම තමන්ගේ කන් සිදුරු තදින් වසාගන්ට කිව්වා. බළලුන්ගේ පටන් සියලු සිව්පාවුන්ගේත් කන් සිදුරු මෑ පිටිවලින් කළ ගුලිවලින් වැස්සෙව්වා.

ඊට පස්සේ බෝධිසත්වයෝ ආයෙමත් දොරටු අට්ටාලයට නැග්ගා. "එම්බල සබ්බදාඨ" "ඇයි බමුණ" "මේ රාජ්‍යය තෝ ගන්නවා කීවේ කුමක් කොරලා ද?" "හැයි.... අමතකද? සිංහයන් ලවා නාද කොරෝනවා. ඒ බිහිසුණු සද්දෙන් මිනිස්සුන්ව කම්පා කොරෝනවා.

එයින් ම ඔවුන් මැරිලා යාවි. ඊට පස්සේ රාජ්‍යය මගේ අතේ."

"එම්බල සබ්බදාඨ..... සිංහයන් ලවා නාද කොරවන්ට තොට බෑ. මනා රත්පැහැ පාද ඇති අලංකාර කේසර ඇති උසස් කුලයේ උපන් සිංහරාජයෝ තෝ වගේ ජර සිඟාලයෙකුගේ ආඥාවට වැඩ කොරයි කියා ද සිතන්නේ?"

උඩගුකමින් මත් වී සිටි සිවලා මෙහෙම කිව්වා. "එම්බල පුරෝහිතය... මා කව්දැයි තෝ දන්නෑ එහෙනම්.... දැන් බලාගං.... අනිත් සිංහයෝ සිටිත්වා, යම් සිංහයෙකුගේ පිට මත ද මා හිඳගෙන ඉන්නේ, අන්න ඒ සිංහයා ලවා ම නාද කොරවා පෙන්නඤ්ඤං."

"හරි හිවල, තෝ ඇහැක් නම් පෙන්නාපිය."

එතකොට හිවලා තමන් වාඩි වී සිටියේ යම් සිංහයෙකුගේ පිට මත ද ඔහුට 'නාදකරපිය' කියා කකුලෙන් සඤ්ඤා දුන්නා. එතකොට ම ඇතාගේ පිට මත සිටි සිංහයා ඇත්කුඹ මිරිකාගෙන මහා හඬින් අවට දෙදුරුම් කා යන ලෙසින් තුන් යලක් සිංහනාද පැවැත්තුවා.

එතකොට හස්තිරාජයා මහා භයකට පත් වුනා. සිවලාවත් ඇත් පාමුල හලාගෙන ඇත් පයින් ඌවත් පොඩිපට්ටම් කරගෙන බෙටි හලාගෙන දිව්වා. සබ්බදාඨයා එතැනම මරණයට පත්වුනා. සිංහනාදයෙන් කැළඹී ගිය සතුන් එකිනෙකා විදගෙන සපාගෙන ඇනගෙන ජීවිතක්ෂයට පත් වුනා. සිංහයන් හැර හාවුන් බළලුන් කෙළවර කොට සිටි මුවන් හූරන් ආදී සියලු සිව්පාවෝ

එතැනම මැරුණා. සිංහයෝ පලා ගිහින් වල් වැදුනා. දොළොස් යොදුනක් පුරා මැරුණු සතුන් ගොඩ ගැසුනා.

බෝධිසත්වයෝ අට්ටාලයෙන් බැහැලා නගරයේ දොරටු ඇරෙව්වා. හැමෝගේම කන්වල ගසා තිබූ මැ පිටි ගුලි ඉවත් කෙරෙව්වා. මස් වුවමනා අය මස් ගෙනියත්වා! කියා අඬබෙර ගැස්සුවා. මිනිස්සු ඇති පදමට අමුමස් ගෙනිච්චා. වැඩිමස් තීරුවලට කපා වේලලා තියා ගත්තා. තීරුවලට කපලා මස් වේලලා තියාගන්ට පටන් ගත්තේ එදායින් පස්සේ කියලයි කියන්නේ.

මෙසේ අතීත කතාව ගෙනහැර දක්වා භාග්‍යවතුන් වහන්සේ මේ ගාථාවන් වදාළා.

(1)

මහපිරිවර ඇති කරගෙන
- එයින් උඩඟු වූ සිවලා
- ඒ ගැන සිතමින්නේ
සබ්බදාඨ නමින් එයා
- මහ සැප සම්පත් මැදි කොට
- සතුන්ට රජවන්නේ

(2)

එලෙසින් මිනිසුන් අතරත්
- මහපිරිවර ඇති මිනිසා
- එයින් උඩඟු වන්නේ
සිවලා වැනසුන විලසින්
- උඩඟුකමින් යුතු මිනිසා
- ඉන් වැනසී යන්නේ

මහණෙනි, එදා සිවලාව සිටියේ දේවදත්ත. බරණැස් රජු වෙලා සිටියේ අපගේ සාරිපුත්තයෝ. පුරෝහිත බ්‍රාහ්මණයාව සිටියේ මම ය" කියා භාග්‍යවතුන් වහන්සේ මේ ජාතකය නිමවා වදාළා.

# 02. සුනඛ ජාතකය

## තමා කලින් සිටි තැනම සොයා ගිය සුනඛයාගේ කතාව

පින්වතුනේ, පින්වත් දරුවනේ,

මේ සසරේ ස්වභාවය නම් හරිම පුදුම සහගතයි. මිනිසුන් පමණක් නොවේ සතුන් පවා සසරේ පුරුදු කළ දේ යළි යළිත් කරනවා. මෙය එබඳු කතාවක්.

ඒ දිනවල අපගේ භාග්‍යවතුන් වහන්සේ වැඩ වාසය කොට වදාළේ සැවැත්නුවර ජේතවනයේ. ඔය කාලයේ ජේතවනාරාමයේ ඇඹුල්කොටුව නමැති ආසන ශාලාවේ බත් කන්ට ආපු බලු කුක්කෙක් සිටියා. අචිරවතී නදියට පැන් ගෙනියන්ට යන මිනිස්සු තමයි ඒ බලුපැටියාව දැකලා අරගෙන ඇවිත් කන්ට බොන්ට දීලා හදාගත්තේ. ටික කලක් ගත වෙද්දී මේ බලු කුක්කා හොඳට මහත් වෙලා බොහෝම ප්‍රියමනාප සතෙක් වුනා.

දවසක් ගමේ සිටිය තරුණයෙක් කිසියම් කරුණකට ආසනසාලාවට ආවා. මේ ලස්සන බලුපැටියා දැකලා ආසා හිතුනා. හිතිලා දිය අදින මිනිසුන්ට තමන්ගේ උතුරුසළුවයි කහවණුවකුයි දීලා බලුපැටියාව දම්වැලකින් බැඳගෙන ගෙදර ගෙනිච්චා. නමුත් පැටියාට ඒ ගෙදර

ඉන්ට කැමැත්තක් තිබුනේම නෑ. ඌ ඒ බවක් නොපෙන්වා දෙන දෙයක් කාලා අර තරුණයාගේ පස්සේ වැටිලා හිටියා. එතකොට ඒ තරුණයා "හා.... දැන් මේ බලු පැටියා මට බොහෝම ආදරෙයි වගේ" කියලා දම්වැලෙන් ගලවා නිදහසේ ඉන්ට හැරියා. බලු පැටියාත් කලබලයක් නැතිව විශ්වාසේ ඇති වෙනකල් හිටියා. දවසක් කවුරුත් නැතිවෙනකල් සිට කාටවත් නොපෙනෙන්ට එක පිම්මේ වේගයෙන් දුවගෙන නොනැවතී ම ජේතවනාරාමයට ආවා.

භික්ෂූන් වහන්සේලා ආසන ශාලාවට ඇවිත් ඉන්න බලුකුක්කාව දැක්කා. "හා.... අපට ආරංචි වුනා මෙයාව තරුණයෙක් දම්වැලකින් බැඳගෙන ගෙදර ගෙනිච්චා කියලා. හා.... ඔහේ කොහොම හරි පැනලා ආවා එහෙනම්!"

එදා දම්සභා මණ්ඩපයට රැස්වූ භික්ෂූන් වහන්සේලා මේ බලුකුක්කා නිදහස් වී පැමිණි කරුණ ගැන කතාබස් කරමින් සිටියා. ඒ අවස්ථාවේ භාග්‍යවතුන් වහන්සේ එතැනට වැඩම කොට වදාළා. භික්ෂූන් වහන්සේලා තමන් කතා කරමින් සිටි කරුණ ගැන භාග්‍යවතුන් වහන්සේට සැළකළා. භාග්‍යවතුන් වහන්සේ මෙසේ වදාළා.

"මහණෙනි, ඔය බලු පැටියා තමන් බැඳ සිටි බන්ධනයෙන් නිදහස් වෙලා එන්ට දක්ෂ වුනේ මේ ආත්මේ විතරක් නොවේ. මීට කලින් ආත්මෙකත් ඔය වගේම දක්ෂයි." කියා මේ අතීත කතාව ගෙනහැර දක්වා වදාළා.

"මහණෙනි, ගොඩාක් ඉස්සර කාලෙක බරණැස්පුරේ බ්‍රහ්මදත්ත නම් රජ්ජුරු කෙනෙක් රාජ්‍ය කරමින් සිටියා. ඔය කාලේ මහා බෝධිසත්වයෝ කාසි

රටේ එක්තරා ධනවත් පවුලක උපන්නා. නිසි කාලෙදි ගිහි ජීවිතේට ඇතුලත් වෙලා වාසය කළා.

ඔය කාලේ බරණැස එක් මිනිසෙක් ළඟ බලුපැටියෙක් සිටියා. හොඳට කෑම් බීම් ලැබෙද්දී මේ බලුකුක්කා මහත් වෙලා හැඩරුව ඇති වුනා. දවසක් ගමේ සිටි මිනිසෙක් කිසියම් කරුණකට බරණැස ආවා. මේ බලුපැටියා දැකපු මොහුට ඌ ගැන කැමැත්තක් හටගත්තා. එතකොට අර මිනිහාට තමන්ගේ උතුරුසළුවයි කහවණුවකුයි දීලා සමින් කළ වරපටකින් බලුපැටියාව ගැට ගසාගෙන ඒ පටියේ කොණකින් අල්ලාගෙන ඌව අරං ගියා. වනාන්තරේට ආසන්න එක් ශාලාවක රෑ නැවතුනා. බලුපැටියාව ශාලා කණුවක ගැට ගසා අර මිනිසා නින්දට වැටුනා.

ඔය අවස්ථාවේ බෝධිසත්වයොත් කිසියම් කරුණකට වනයට යන ගමන් සම්පටියෙන් බැඳලා ඉන්න බලු කුක්කාව දැකලා මේ ගාථාව කිව්වා.

(1)

**අනේ අපොයි මේ බලුකුක්කා**
**- මොකවත් දන්නැති කෙනෙක් වගෙයි**
**තමාව බැඳ ඇති පටිය සපා**
**- කන්නෙ නැතිව හේ බලා සිටියි**
**නිදහස් වන්නට බන්ධනයෙන්**
**- ඕනෑ නම් ඉඩකඩත් තියෙයි**
**සපා දමා වරපටින් මිදී**
**- සිටිය තැනට දුව යන්ට හැකියි**

එතකොට ඒ බලුකුක්කා මේ ගාථාවෙන් පිළිතුරු දුන්නා.

## (2)

අනේ ඔයා කියන දේ ම
   - තමා මමත් සිතමින් ඉන්නේ
මෙතැනින් පැනගන්නට ම යි
   - මා හොඳහැටි සිතා සිටින්නේ
සාලාවේ සිටිනා මේ මහජනයා
   - නිදනා තුරු බලා සිටින්නේ
එතෙක් ම මට කල් පැමිණෙන
   - තුරු ඉන්නට වෙලා තියෙන්නේ

මෙහෙම කියපු බලු පැටියා බොහෝම ඉවසීමෙන් පිරිසට නින්ද යන තෙක් නිශ්ශබ්දව සිටියා. හැමෝට ම නින්ද ගිය බව දැන ගත්තාට පස්සේ සමින් කළ වරපට කා දමා වේගයෙන් ඇද්දා. එතකොට තමන් නිදහස් වුනා. හනිකට එතැනින් පැනගෙන නොනැවතී ම තමන්ගේ ස්වාමියා සිටි ගෙදරට ම දිව්වා.

මහණෙනි, එදා වරපටින් නිදහස් වී ගිය බලු කුක්කා ම යි ඔය ඉන්නේ. පණ්ඩිත පුරුෂයාව සිටියේ මම ය" කියා භාග්‍යවතුන් වහන්සේ මේ ජාතකය නිමවා වදාළා.

# 03. ගුත්තිල ජාතකය

## ගුත්තිල මහා සංගීතඥයාගේ කතාව

පින්වතුනේ, පින්වත් දරුවනේ,

සත්පුරුෂ ශිෂ්‍යයන් නිසා ගුරුවරයාට මහා සැපයක්, සතුටක්, සැනසීමක් ලැබෙනවා. ඒ සත්පුරුෂ ශිෂ්‍යයෝ තම ගුරුවරයාගේ කීර්තිය පතුරුවනවා. නමුත් අසත්පුරුෂ ශිෂ්‍යයා ඊට හාත්පසින් වෙනස්. ඔහු තමන් දක්ෂ වනතුරු පමණයි ශිෂ්‍ය වේශයෙන් ඉන්නේ. ඊට පස්සේ ගුරුවරයාව විනාශ කොට ගුරුවරයා ලබා ඇති සියලු යස ඉසුරු තමාගේ වසඟයට ගන්ට මාන බලනවා. මේ ශිෂ්‍යයා නිසා මහත් සේ පීඩාවට පත් වෙන්නේ ශිල්පය ලබා දුන්නු ගුරුවරයා ම යි. මෙය එබඳු කතාවක්.

ඒ දිනවල අපගේ භාග්‍යවතුන් වහන්සේ වැඩ වාසය කොට වදාළේ රජගහනුවර වේළුවනයේ. ඔය කාලේ දේවදත්ත භාග්‍යවතුන් වහන්සේට විරුද්ධව වැඩ කරන්ට පටන් අරන්. එතකොට භික්ෂූන් වහන්සේලා දේවදත්තට සිහි උපදවන්ට නොයෙක් අයුරින් කරුණු කිව්වා. "අනේ ඇවැත් දේවදත්ත, ඔබ තමන්ගේ ශාස්තෘන් වහන්සේට ඔහොම කරන්ට එපා. දැන් බලන්ට.... අපගේ සම්මා සම්බුදුරජාණන් වහන්සේ ඔබගේ ගුරුදේවයන් වහන්සේ. භාග්‍යවතුන් වහන්සේ නිසා ම නේද ඔබ මේ නවාංග

ශාස්තෘ ශාසනය ගැන දැනගත්තේ? උන්වහන්සේ නිසා ම නේද ඔබ ධ්‍යාන සතරත් උපදවා ගත්තේ? උන්වහන්සේ නිසා ම නේද ඔබ ඍද්ධි ප්‍රාතිහාර්ය දක්වීමේ හැකියාව ලබාගත්තේ? දැන් උන්වහන්සේට ම නේද ඔබ ඔය විරුද්ධ වෙලා ඉන්නේ? ඕක නම් හොඳ වැඩක් නොවෙයි. ශිෂ්‍යයෙකුට කිසිසේත් ම ගැලපෙන්නේ නෑ."

එතකොට දේවදත්ත මෙහෙමයි පිළිතුරු දුන්නේ. "හනේ ඇවැත්නි, ඇයි එහෙම කියන්නේ? ශ්‍රමණ ගෞතමයෝ මගේ ගුරුවරයා වෙන්නෙ කොහොමද? මං මගේ බලවත් තනි උත්සාහයෙන් නොවේද ධර්ම විනය ඉගෙන ගත්තේ? මගේ ම තනි උත්සාහයෙන් ම නොවේද ධ්‍යාන සතර උපදවා ගත්තේ. මං මේ හැම දෙයක් ම කළේ ගුරුවරයා නැතිව තනියම.... තේරුණාද! ඒකයි මං දැන් මට ගුරුවරයාගෙන් වැඩක් නැත කියා කියන්නේ."

මොහුගේ කතාවට කෙළෙහිගුණ දත් භික්ෂූන් වහන්සේලා මහත් සංවේගයට පත් වුනා. එදා දම්සභා මණ්ඩපයට රැස්වූ භික්ෂූන් වහන්සේලා මේ ගැන කතා කරමින් සිටියා. "අයියෝ.... මේ දේවදත්ත මහා විනාශයක් කරගන්ටයි හදන්නේ. භාග්‍යවතුන් වහන්සේගේ ආචාර්ය බව ප්‍රතික්ෂේප කරලා උන්වහන්සේට විරුද්ධව වැඩ කරන්ට පටන් අරන්." ඒ අවස්ථාවේ භාග්‍යවතුන් වහන්සේ එතැනට වැඩම කොට වදාළා. භික්ෂූන් වහන්සේලා තමන් කතා කරමින් සිටි කරුණ භාග්‍යවතුන් වහන්සේට සැළ කළා. භාග්‍යවතුන් වහන්සේ මෙසේ වදාළා.

"මහණෙනි, ගොඩාක් ඉස්සර කාලෙක බරණැස් පුරේ බ්‍රහ්මදත්ත නමින් රජ්ජුරු කෙනෙක් රාජ්‍ය කළා. ඔය කාලේ මහා බෝධිසත්වයෝ සංගීතඥයෙකුගේ

පවුලක උපන්නා. දෙමාපියෝ මේ කුමාරයාට ගුත්තිල කුමාරයා කියා නම දැම්මා. වයසින් මුහුකුරා යද්දී ගුත්තිල කුමාරයා ගාන්ධර්ව ශිල්පයෙහි මුදුන්පත් වුනා. මහා සංගීතඥ ගුත්තිල පඬිතුමා නමින් සකල ජම්බුද්වීපයෙහි මොහු ප්‍රසිද්ධ වුනා. අග්‍ර ගාන්ධර්වයා බවට පත් වුනා.

මේ මහා ගාන්ධර්ව ගුත්තිල ඇඳුරාණෝ විවාහයක්වත් කරගත්තේ නෑ. තම දෙනෙත් අඳ දෙමාපියන්ට ආදරයෙන් උපස්ථාන කරමින් සිටියා.

ඔය කාලයේ බරණැස්වාසී වෙළෙන්දෝ වෙළඳාම් පිණිස උදේනි නුවරට ගියා. ඒ කාලේ එහේ උත්සව කාලයක්. උත්සව පිණිස කල් දැනුම් දුන්විට මේ වෙළෙන්දොත් බොහෝ මල් සුවඳ විලවුන් ආදියත්, ප්‍රණීත කෑම් බීම් ආදියත් ගෙන්වාගෙන විනෝද වෙන තැනකට රැස් වුනා. මුදල් ගෙවා එක් සංගීතඥයෙක්වත් ගෙන්නා ගත්තා. ඔහුගේ නම මූසිල. මූසිල කියන්නේ උදේනි නුවර සිටිය ජ්‍යෙෂ්ඨ සංගීතවේදියා. ඒකයි ඔවුන් මොහුව කැඳවාගෙන සංගීත සන්ධ්‍යාව පටන් ගත්තේ.

මූසීල සංගීතවේදියාත් සිය වීණාව ගෙන ඉතා උච්චස්වරයෙන් යුක්තව තත් පිරිමදිමින් වාදනය කළා. ගුත්තිල මහා ගාන්ධර්වයාගේ මියුරු කන්කළු නාදරටාවන්ට සවන් දී පුරුදු වෙළෙන්දන්ට මෙය ඇසුනේ පැදුරු කබලක් සූරන ආකාරයටයි. ඒ නිසා කවුරුවත් එයට ප්‍රතිචාර දැක්වූයේ නෑ. ඔවුන් ඒ ගැන සතුටු වූ බවක් පෙනුනෙත් නෑ.

තමන්ගේ වීණා වාදනය ගැන මොවුන් සතුටු නොවූ වග මූසිලට තේරුනා. 'හෝ.... එහෙනම් මං ඕනෑවටත් වඩා තත් තදකොරලා වාදනය කළාවත් ද' කියා වීණාවේ

තත් මධ්‍යම ස්වරයෙන් සකසා මධ්‍යම ස්වරයෙන් වාදනය කළා. ඒ ගැනත් ඔවුන් අමුතු විශේෂයක් පෙන්නුවේ නෑ. 'හෝ.... මුන්දැලා සංගීතය ගැන මොකෝවත් දන්නැති හැඩයි' කියා සිතා තමාත් දන්නෑ වගේ වීණාවේ තත් බුරුල් කළා. ඒ බුරුල් කළ තත් ඇති වීණාව වාදනය කළා. එතකොටවත් ඔවුන් මොකවත් කීවේ නෑ. බැරිම තැන මූසිල මෙහෙම ඇසුවා.

"එම්බා වෙළෙන්දනි, මා මෙතරම් අපූරුවට වීණා වාදනය කරද්දී ඔයාලා ඒ ගැන කිසි සතුටක් නැත්තේ ඇයි ද?"

"හෑ.... ඔයා වීණා වාදනයක් කළා ද! මදෑ!.... මෙතෙක් වේලා අපි හිතුවේ ඔයා වීණාවේ තත්වල පදම අල්ලන්ට මහන්සි වෙනවා කියලා."

"හෑ.... මොකක්ද ඒ කතාව? ඒ කියන්නේ ඔහේලා මටත් වඩා උත්තරීතර සංගීතවේදියෙක් ඇතෙයි කියාද සිතන්නේ? එහෙමත් නැත්නම් සංගීතය ගැන තමන් මොකෝවත් දන්නේ නැති කොමට නොසතුටු වුනාද?"

"අපි බරණැස ඉඳලා ආපු උදවිය. අපගේ මහා ගාන්ධර්ව ගුත්තිල පඬිතුමන්ගේ කෝමල මධුර සුලලිත සත්සර නදින් සිතුමනාපේ සවන් පිනවාගත් අපට ඔයාගේ වීණා වාදනය අසද්දී සිතුනේ ගැණුන්නේ දරු නැළවිලිවලට නම් තරමක් හොඳා කියලයි."

"අනේ.... එහෙනම් මිතුරනි, ඔයාලා මේ දීපු මුදල් මං ගන්නේ නෑ. මං ඒවා ආපහු දෙනවා. හැබැයි මට එකක් කරලා දෙන්ට. ආපහු බරණැසට යද්දී මාවත් බරණැසට එක්කරගෙන යන්ට. මටත් ගුත්තිල ආචාර්යපාදයන්ව

මුණ ගැසෙන්ට ඕනෑ"

"හා.... හොඳයි" කියා ඒ වෙළෙන්දෝ ආපසු යද්දී මූසිලවත් බරණැසට එක්කරගෙන ගියා. අන්න අතනයි ගුත්තිල මහා සංගීතඥයා වසන්නේ කියලා තැනත් පෙන්නලා වෙළෙන්දෝ තම තමන්ගේ නිවෙස් බලා පිටත් වුනා.

මූසිලයා බෝධිසත්වයන්ගේ නිවසට ඇතුළු වුනා. වටපිට බලද්දී බෝධිසත්වයන්ගේ අනගි වීණාව එල්ලා තබා තියෙනවා දැක්කා. දැකලා එය රැගෙන වාදනය කරන්ට පටන් ගත්තා. එතකොට බෝධිසත්වයන්ගේ දෙනෙත් අඳ දෙමාපියන්ට වීණා සද්දේ ඇසුනා. මීයෝ ඇවිත් වීණාව කනවා වෙන්ට ඇත කියා සිතලා "හෝ.... හප්පේ මීයෝ ඇවිත් අපේ පුතාගේ වීණාව කනවා වගේ.... ෂෝ.... ෂෝ...." කියලා කිව්වා. එතකොට මූසිල වීණාව එතැන තියලා බෝධිසත්වයන්ගේ මාපියන්ට වන්දනා කළා. "ඕ.... කව්ද ඔය?"

"අනේ.... මං ගුත්තිල ආචාර්යපාදයන්ගේ සෙවනේ වීණා ශාස්ත්‍රය ඉගෙන ගැනීමේ අදහසින් උජ්ජේනිවල ඉඳලා ආ තරුණයෙක්."

"බොහොම හොඳා දරුවෝ"

"අපගේ ආචාර්යපාදයෝ දැන් කොහේද ඉන්නේ?"

"අනේ පුතේ.... අපගේ පුත්‍රයා ඈතක ගොහින්. මයෙ හිතේ බාගදා අද ඒවි."

එතකොට මූසිල ඒ ගෙදර නැවතුනා. බෝධිසත්වයෝ එදා ම ආවා. මූසිල ඇවිත් බෝධිසත්වයන්

හමුවෙලා ආගිය තොරතුරු කතා කරලා තමන් ආ කාරණාව කියා හිටියා.

බෝධිසත්වයෝ මොහු සමග කතා බස් කරන අතරේ මොහුගේ ඉරියව් හොඳින් පරීක්ෂා කළා. අංගලක්ෂණ ශාස්ත්‍රයට අනුව මොහු මහා අසත්පුරුෂයෙක් බව දැන ගත්තා. "පුත්‍රය.... ආපසු උජ්ජේන්වලටම පලයං. නුඹට ශිල්ප උගන්වන්ට මට පුළුවන් කමක් නෑ."

එතකොට මූසිල ඒ ගෙදරින් ගියේ නෑ. බෝධිසත්වයන්ගේ මාපියන්ගේ දෙපා අතගාමින් ඒ දෙන්නාට ම උපස්ථාන කරන්ට පටන් ගත්තා. ඒ මාපිය දෙන්නාගේ සිත පහදවා ගත්තා. "අනේ මෑණියනේ, අනේ පියාණනි, අනේ මාව ශිල්ප නූගන්වා උජ්ජේන් යවන්ට දෙන්ට එපා. අනේ මට කොහොම හරි ගුත්තිල ආචාර්යපාදයන්ගෙන් ශිල්ප ඉගෙන ගන්ට සලස්සා දෙන්ට" කියා මාපියන්ව තමා වෙනුවෙන් කතාකරන්ට පොළඹවා ගත්තා.

එතකොට දෙමාපියෝ බෝධිසත්වයන්ගෙන් මූසිලට උදව් කරන්ට කියා නිතර නිතර මතක් කරන්ට පටන් ගත්තා. තමන්ගේ මාපියන්ගේ කීම අහක දාන්ට බැරි නිසා මූසිලයාට ශිල්ප කියාදෙන්ට කැමති වුනා.

දැන් මූසිල බෝධිසත්වයන් සමග රජමාළිගයටත් යනවා. "ආචාර්යපාදයෙනි, මොහු කවරෙක්ද?" කියා රජ්ජුරුවෝ අසා සිටියා. "මහරජතුමනි, මේ මාගේ ශිෂ්‍යයා. මොහු උජ්ජේන්වල සිට ඇවිත් මගෙන් වීණා ශාස්ත්‍රය ඉගෙන ගන්නවා" කලක් යද්දී මොහු සිය ආචාර්යපාදයන්ගේ මාර්ගයෙන් රජ්ජුරුවන්ගේ විශ්වාසයත් දිනාගන්ට සමත් වුනා.

බෝධිසත්වයෝ ගුරුමුෂ්ටි වශයෙන් සඟවා ගත් කිසිවක් නැතිව වීණා ශාස්ත්‍රය පිළිබඳව, සංගීතය පිළිබඳව තමන් දන්නා සෑම දෙයක් ම අඩු නැතිව මූසිලට ඉගැන්නුවා.

"පුත්‍රය.... ඕන්න මං දන්නා සෑම දෙයක් ම ඔයාට ඉගැන්නුවා. දැන් දඹදිව ඕනෑම තැනක ගොහින් සම්භාවනීය ආචාර්යවරයෙක් හැටියට ඉන්ට පුළුවනි."

එතකොට මූසිලයා මෙහෙම හිතුවා. "හරි.... මටත් දැන් හොඳට ම ශිල්පය ප්‍රගුණයි නොවැ. දඹදිව වෙන කොහේවත් යන්නෙ මක්කටෙයි! මුළු දඹදිවට අග නගරය බරණැස නොවැ... දැන් මුන්දෑ වයසයි. මං මෙහෙම ඉන්න එක තමා හොඳ!" කියා සිතා මෙහෙම කිව්වා. "ආචාර්යපාදයෙනි, මාත් කැමතියි රජ්ජුරුවන්ට උපස්ථාන කරන්ට."

"බොහෝම හොඳා පුත්‍රය, මං රජ්ජුරුවන්ට කාරණාව සැලකරන්නම්" කියලා පසුවදා බෝධිසත්වයෝ රජ්ජුරුවෝ බැහැදුටු වෙලාවේ කාරණාව මතක් කළා. "දේවයනි, දැන් අපගේ ශිෂ්‍යයාත් ශිල්ප ශාස්ත්‍ර ප්‍රගුණ කොරලා නොවැ ඉන්නේ. ඒ දරුවාත් දේවයන්ට උපස්ථාන කරන්ටයි කැමැති. ඔහුට මොන විදිහට වැටුප් ලැබේවිද?"

"ආචාර්යපාදයෙනි, ඔහු ඔබගේ ශිෂ්‍යයා නොවැ. මං කැමති ඔබට ගෙවන වැටුපෙන් හරි අඩක් ඔහුට ගෙවන්ට." බෝධිසත්වයෝ සිය නිවසට ගිහින් කාරණය මූසිලට කියාසිටියා. "හා.... එහෙම කොහොම ද? ඔබට ලැබෙන ප්‍රමාණයට ම වැටුප් ලැබෙනවා නම් විතරයි මං රාජ උපස්ථානයට යන්නේ. එහෙම නැත්නම් මං යන්නේ නෑ."

"ඇයි පුත්‍රයා.... ඔයා එහෙම කියන්නේ?" "ඇයි...? එතකොට ඔබ දන්නා සියලුම ශිල්ප ඤාණයත්, හැකියාවත් මට නැද්ද?" "තියෙනවා පුත්‍රය" "එහෙනම්.... ඇයි මට වැටුපෙන් භාගයක් දෙන්නේ....? ඒක මහා අසාධාරණ වැඩක් නොවැ." "හොඳයි පුත්‍රය, මං රජ්ජුරුවන්ට මේ ගැන කියා බලන්නම්."

බෝධිසත්වයෝ ගිහින් රජ්ජුරුවන්ට මූසිලගේ අදහස සැළකළා. "ආචාර්යපාදයෙනි, එහෙමනම් මෙහෙමයි විය යුත්තේ. ඔබගේ ශිෂ්‍යයා තමන්ගේ ගුරුවරයා සමග ශිල්පීය දක්ෂතාවෙන් සම සමව සිටින බව පෙන්වන්ට ඕනෑ. එහෙම වුනොත් ගුරුවරයාටත් ශිෂ්‍යයාටත් සම වැටුප් දෙන්ට පුළුවනි."

එතකොට බෝධිසත්වයෝ මූසිලට රජු කිවූ කාරණය කිව්වා. "ම්.... ඒකට මක්වෙනවද.... හරි මං ලේස්තියි මගේ දක්ෂතා රජ්ජුරුවන්ට පෙන්වන්ට."

බෝධිසත්වයෝ මූසිලත් සමග රජ්ජුරුවෝ බැහැදකින්ට ගියා. "හරි.... මූසිලයෙනි.... ඔබට සම වැටුප් ඕනෑ නිසාත් තමාත් ගුරුවරයා හා සමසමව ඉන්නා බව කියන නිසාත් අපට ගුරුශිෂ්‍ය දක්ෂතා සඳහා විශේෂ වීණා වාදනයක් කරන්ට වෙනවා. එහෙමනම් ඒක කවද්ද ඔබට කරන්ට පුළුවනි?"

"දේවයන් වහන්ස, අදින් සත්වෙනි දවසේ ගුරුවරයා හා සමානව ම මා තුළ දක්ෂතා තිබෙන බව ඔප්පු කොට පෙන්වන්නම්."

එතකොට රජ්ජුරුවෝ මූසිලව ළඟට කැඳවා පුද්ගලිකව ම නැවතත් මේ කාරණය ඇසුවා. "මූසිලයෙනි,

තොප ඔය ඇත්තටම ද කියන්නේ? තමන්ගේ ගුරුවරයා සමග වීණා තරඟයක් පවත්වන්ට ඕනෑ ම ද?"

"එසේය දේවයන් වහන්ස" "එම්බා මූසිල.... ගුරුවරයා සමග එකට එක තරඟ කිරීම කිසිසේත් ම වටිනා දෙයක් නොවේ. මං කියන්නේ ඔය තරඟය පවත්වන්ට එපා කියලයි."

"නෑ දේවයන් වහන්ස, මගේ ආචාර්යපාදයන් සමග මගේ වීණා තරඟය මින් සත්වෙනි දවසේ පැවැත්වෙනවා ම යි. එතකොට අපි කවුරුදැයි කියා රටවැස්සාට දැනගන්ට පුළුවන් නොවැ."

"ඕ.... හෝ.... හොඳා! එහෙම නම් මෙයින් සත්වෙනි දවසේ මහා ගාන්ධර්ව ගුත්තිල ආචාර්යපාදයෝ තම ශිෂ්‍ය මූසිලයා සමග රාජද්වාර මණ්ඩපයේ එකිනෙකාගේ වීණා ශිල්ප සාමාර්ථ්‍ය දක්වමින් මහා වීණා තරඟයක් පැවැත්වෙනු ඇත! එම්බා අමාත්‍යවරුනි, මේ ගුරු-ශිෂ්‍ය තරඟය දකින්ට කැමැත්තෝ පැමිණෙත්වා! යි අඬබෙර හසුරුවව්"

බෝධිසත්වයෝ නිවසට ගිහින් මෙහෙම කල්පනා කළා. "මේ මූසිලයා තරුණයි, ශක්තිමත්. මං එහෙම නොවේ. මහලුයි. සවිශක්තියෙන් හීනයි. මහල්ලෙකුගේ ක්‍රියාව සාර්ථක වෙන්නේ නෑ. මගේ අතින් ශිෂ්‍යයන් පැරදුනත් ඒක මට අමුත්තක් නොවේ. නමුත් ශිෂ්‍යයාට ජයග්‍රහණයක් ලැබුනොත් ඉන් ලබන පරාජයෙන් මං මහත් ලැජ්ජාවකට පත් වෙනවා. ඊට වඩා උතුම් වනාන්තරේට ගොහින් මැරෙන එක!" මෙහෙම හිතලා ගුත්තිලාචාර්යතුමා වනාන්තරේට යනවා. මරණ භයෙන් ආයෙමත් හැරිලා එනවා. පරාජය නිසා ඇතිවන ලැජ්ජාව මතක් වෙද්දී ආයෙමත් වනයට යනවා.

මේ විදිහට කාටත් හොරා දවස් හයක් පුරාවට වනාන්තරේට යන්ට එන්ට තියාගත් නිසා ගුත්තිලාචාර්යතුමා ගිය පාරේ එතුමාගේ පයට පෑගී ගිය තණකොළ මැරීයාමෙන් අඩිපාරක සලකුණු මතුවුනා. එක්වරම සක්දෙවිඳුගේ ආසනය රත් වී යනු දැනුනා. එයට හේතුව විමසද්දී මහා ගාන්ධර්ව ගුත්තිලාචාර්යයෝ තම ශිෂ්‍යයාගේ අභියෝගයට බිය වීමෙන් වනයට ගොස් මහා දුකක් විඳින බව පෙනී ගියා. දැන් මා විසින් මෙතුමාට පිහිට වෙන්ට ඕනෑ කියා සැණෙකින් බෝධිසත්වයෝ ඉදිරියේ පෙනී සිටියා.

"භවත් ආචාර්යපාදයෙනි, ඇයි මේ අරණ්‍යයට අවුත්? ඇයි මෙහෙම වුනේ?"

"ම්.... කවරෙක් ද තොප?"

"භවත් ආචාර්යපාදයෙනි... මම් සක්දෙවිඳු වෙමි"

"දේවරාජයෙනි.... මා විසින් කිසිවක් සඟවා නොගෙන මූසිල නමැති එක්තරා ශිෂ්‍යයෙකුට සියලුම ශිල්ප කියා දුන්නා. දැන් ඔහු මා හා තරඟයට ඉදිරිපත්ව සිටිනවා. ඔහු නිසා මට අත්වන නින්දනීය පරාජයට වූ භය නිසාය මා අරණ්‍යයට ආවේ" කියා මේ පළමු ගාථාව පැවසුවා.

(1)

**මූසිල නම් කෙනෙක් ඇවිත්**
**- මගේ ශිෂ්‍යයෙකු වෙසින්**
**ශිල්ප උගන්වන්ට කියා ඉල්ලා සිටියා**
**සප්තස් ස්වරයෙන් සුමධුර සුලලිත**
**- කෝමල වෙණ නද**

**සඟවන්නේ නැතිව කිසිත් ඔහුට කියාදුන්නා**
**ඔහු දූන් රඟ මඬලේදී මා තරගෙට කැඳවනවා**
**සක්දෙවිඳුනි මා හට පිළිසරණ දෙනු මැනේ**

ගුත්තිලචාර්යයන්ගේ වචන ඇසූ සක්දෙවිඳු මෙසේ පැවසුවා. "භවත් ආචාර්යපාදයෙනි, භය වෙන්ට එපා. ඔබට ආරක්ෂාවටත් රැකවරණයටත් මා ඉන්නවා නොවැ" කියා මේ දෙවෙනි ගාථාව පැවසුවා.

**(2)**

**මා ආදර මිතුරාණෙනි පිහිට ලබා දෙමි ඔබ හට**
**ගුරුදෙවියන් පුදනා සත්පුරුෂ කෙනෙකි මම්**
**රඟ මඬලෙදි නියත ලෙස ම නැත දිනුමක් සිසුවාහට**
**සිසු පරදන ගුරුදෙවිඳුට ලැබේම ය දිනුම්**

ඒ වගේම භවත් ආචාර්යපාදයෙනි, රංග මණ්ඩලයේදී හැමෝටම පෙනෙන්ට වීණාවේ එක් තතක් සිඳ වීණාව වයනු මැන. කිසි වෙනසක් නැතිව වීණාවේ ප්‍රකෘති ශබ්දය ම ඇසේවි.

එය දකිනා මූසිලයාත් තම වීණාවේ තතක් සිඳීවි. නමුත් ඔහුගේ වීණාවේ ඒ තතේ හඬ නැතිව යනවා. එතැනින් ම ඔහු පැරදී යනවා. ඔහුගේ පරාජය පෙනෙද්දී ඔබ දෙවෙනි, තුන්වෙනි, සිව්වෙනි, පස්වෙනි, සයවෙනි, සත්වෙනි තතත් සිඳ තනිකර වීණා දණ්ඩ ම වාදනය කරන්ට. සිඳීගිය තත් ඇති වීණාවෙන් නැගෙනා ස්වරයෙන් මේ දොළොස් යොදුන් බරණැස් නගරය පුරා කන්කළු නද පැතිරී යනු ඇත.

මෙසේ පැවසූ සක්දෙවිඳු බෝධිසත්වයන්ගේ අතට විශේෂ ගුලි තුනක් දුන්නා. "මියුරු වෙණ නද මුළු බරණැස්

නගරය සිසාරා පැතිර යද්දී මෙයින් එක් ගුලියක් අහසට දමනු මැනව. එ සැණින් තුන්සියයක් දෙව්ලියෝ අවුදින් රංගභූමියෙහි අලංකාර නෘත්‍යයන් වෙණනද තාලයට දක්වන්නාහ. ඔවුන් නටද්දී දෙවැනි ගුලියත් අහසට දැමුව මැනව. එ සැණින් තව තුන්සියයක් දෙව් අඟනෝ ඇවිත් වීණා නද පතුරන වේදිකාවෙහි නටන්නාහ. ඊළඟ ගුලියත් අහසට දමනු මැනව. එ සැණින් තවත් තුන්සියයක් දෙව් අප්සරාවියෝ අවුත් රඟමඬල පුරා නෘත්‍ය දක්වන්නාහ. මමත් තොප සමීපයෙන් ම එන්නම්, භය නැතිව යනු මැනව."

බෝධිසත්වයෝ හිමිදිරියේ ම ගෙදර ගියා. රජමැදුර ඉදිරියේ අලංකාර මණ්ඩපයක් තනවා රජ්ජුරුවන්ටත් ආසනයක් පනවා තිබුනා. රජ්ජුරුවෝ මාළිගාවෙන් බැස ඒ අලංකාර මණ්ඩපයේ තිබූ ආසනයේ වාඩි වුනා. අලංකාර ලෙස සැරසුනු දසදහසක් ස්ත්‍රීනුත්, අමාත්‍යවරුත්, බ්‍රාහ්මණවරුත්, විශේෂ අමුත්තෝත් රජු පිරිවරා අසුන්ගත්තා. සියලු නගරවාසීන් රැස්වුනා. රාජංගණය පුරා ජනතාව ඇඳන්පිට ඇඳන් බැඳ රැස් කකා බලා සිටියා.

බෝධිසත්වයෝ සුවඳ පැන් ස්නානය කොට, රසවත් බොජුන් වළඳා වීණාවත් ගෙන තමන්ට නියමිත ආසනයේ වාඩිවුනා. සක්දෙවිඳුන් බෝධිසත්වයන්ට පමණක් පෙනෙන ලෙස ඇවිත් ආකාසයේ සිටියා. මූසිලයාත් ඇවිත් තමන්ගේ ආසනයේ වාඩි වුනා. නිවේදනයෙන් පසු තරඟය පටන් ගත්තා. දෙන්නාම සම සමව වාදනයේ යෙදුනා. දෙදෙනාගේ ම වෙණ නදින් පිණාගිය මහජනයා දහස් ගණන් සළු ලෙලදෙමින් ප්‍රීතිඝෝෂා කළා.

අහසේ සිටි සක්දෙවිඳු එක් තතක් දූන් සිඳින්ට කියා බෝධිසත්වයන්ට ඇසෙන්ට පැවසුවා. එතකොට බෝධිසත්වයෝ කාටත් පෙනෙන්ට බඹරතත සින්දා! ඒ සිඳුනු තතේ කෙළවරින් මිහිරි සර නිකුත් වුනා. දිව්‍ය ගාන්ධර්වයෙකුගේ විලාසය දිස් වුනා.

'මේ මොකක් ද මේ.... මා මෙතෙක් නොදූන සිටි ශිල්පය' කියා මූසිලයාත් තතක් සින්දා. එතැනින් ම ඒ තතේ නාදය කම්මුතු වුනා! ගුත්තිලාචාර්යයෝ දෙවෙනි තතේ සිට පිළිවෙළින් තත් සත ම සින්දා! තනිකරම වීණා දණ්ඩෙන් නැගුණු දිව්‍ය වූ මධුර සුලලිත කෝමල වීණානාදය මුළු බරණැස සිසාරා පැතිර ගියා. වීණා නදින් මනමෝහනීය වූ මහජනයා ප්‍රීතියෙන් කුල්මත්ව පිලී සිසාරා කරකවමින් මහා හඬ දුන්නා.

එතකොට බෝධිසත්වයෝ එක් ගුලියක් අහසට විසි කළා. සැණෙකින් අලංකාර දිව සළු විහිදුවමින් සුන්දර දෙව්ලියන් අහසින් පාත් වුනා. මිහිරි වීණා තාලයට ඔවුන් නටන්ට පටන් ගත්තා. එතකොට දෙවෙනි ගුලියත්, තෙවැනි ගුලියත් අහසට දැම්මා. දිව්‍යාංගනාවෝ නවසියයක් ම දූන් කලින් සක්දෙවිඳු කී ලෙසින් විදුලිය සේ ලෙලදෙමින් නෘත්‍ය දක්වනවා.

මූසිලයා අන්දමන්ද වී බලා සිටියා. තම ගුරුවරයාට විරුද්ධව මූසිලයා කළ වැඩේ ගැන රජතුමා උදහස් වුනා. රජතුමා මහාජනයාට ඉඟියකින් සඥ්ඥා කළා. මහජනයා සැණෙකින් ඇවිත් මූසිලයාව රඟමඬලෙන් පහළට ඇදලා ගත්තා. "හා! තෝ සිතාන හිටියේ තමන්ගේ ගුරුවරයාත් එක්ක හැප්පිලා ඒ සමාන වෙලා ඒ විදිහට සැලකිළි සම්මාන ගන්ට ද? දූන්වත් තමන්ගේ තරම දූනගනිං"

කියලා අතට හසුවූ ගල් මුගුරුවලින් ගසන්ට පටන් ගත්තා. එයින් ම මූසිල ජීවිතක්ෂයට පත් වුනා. එතකොට මිනිස්සු ඔහුව කසලගොඩකට වීසි කළා.

ගුත්තිලාචාර්යයන් ගැන සතුටු වූ රජ්ජුරුවෝ වැසි වසින්නැහේ බොහෝ ධනය දුන්නා. නගරවැසියෝ අප්‍රමාණ තෑගිබෝග දුන්නා.

එදා සක්දෙවිඳුන් බෝධිසත්වයන් සමග පිළිසඳර කතා කරමින් මෙහෙම කිව්වා. "ගුත්තිල පණ්ඩිතයෙනි, මං දහසක් ආජානේය අසුන් යෙදූ දිව්‍ය රථය මාතලී අත පස්සේ එවන්නම්. ඔබත් ඒ වෛජයන්ත රථයේ නැගී අපගේ දෙව්ලොවට එන්ට හොඳේ!" කියා පිටත්ව ගියා. ගිහින් පාණ්ඩුකම්බල ශෛලාසනයේ වාඩි වුනා. "මහරජාණන් වහන්ස, ඔබවහන්සේ කොහේද වැඩියේ කියලා දේවදියණිවරු ඇසුවා." "දරුවෙනි මා බෝධිසත්වයන්ව දකින්ට ගියා" කියා බෝධිසත්වයන්ගේ සීලාදී ගුණ ධර්මයන් විස්තර කළා. "අනේ දෙව්මහරජුනි, අපිත් අපගේ ඒ ආචාර්යපාදයන්ව දකින්ට කැමතියි. එතුමා මෙහි කැඳවාගෙන එනු මැනව" කියා ඒ දෙව්දියණියෝ ඉල්ලා සිටියා.

සක්දෙවිඳු මාතලී ඇමතුවා. "ප්‍රිය පුත්‍රය, අපගේ දෙව් අප්සරාවෝ ගුත්තිල මහා ගාන්ධර්වයන් දකින්ට කැමතියි. මනුලොව යන්ට. වෛජයන්ත රථයේ ඔහු වාඩි කරවාගෙන මෙහි කැඳවාගෙන එන්ට."

එතකොට මාතලී දිව්‍ය පුත්‍රයා බෝධිසත්වයන්ව දෙව්ලොව කැඳවාගෙන ආවා. සක්දෙවිඳු බෝධිසත්වයන් හා සතුටු සාමීචි කතාවේ යෙදුනා. මෙසේත් කිව්වා. "භවත් ආචාර්යපාදයෙනි, අපගේ දිව්‍ය කන්‍යාවෝ තොපගේ

වෙණ නද අසන්ට මනාපයි කියනවා."

"දෙව්රජුනි.... අපි ඉතින් ශිල්පය නිසා ජීවත්වන ගාන්ධර්වයෝ නොවැ. වැටුප් ලදහොත් වාදනය කරන්ට පුළුවනි."

"වාදනය කළ මැනව. මම් තොපට වැටුප් දෙන්නම්."

"දේවයනි, මට ඕනෑ වෙනත් වැටුපක් නොවේ. මේ සුන්දර දිව්‍ය දියණිවරු මෙසේ උපදින්ට හේතුභූත වූ පූර්වයේ කරන ලද පුණ්‍ය කර්මයන් මොනවාදැයි කියනවා නම් එයයි මා කැමති වැටුප."

එතකොට ඒ දිව්‍ය දියණිවරු මෙහෙම කිව්වා. "අනේ ආචාර්යපාදයෙනි, අප කරගත් කල්‍යාණ වූ පින්කම් ගැන පස්සේ කියන්ට කැමතියි. හැමට පළමු ඔබගේ මියුරු වෙණනද අසන්ට යි අප ආසා. භවත් ආචාර්යපාදයෙනි, ඔබේ ඒ කන්කළු සුලලිත මධුර වෙණ නද අපට අස්සවනු මැනව."

එතකොට බෝධිසත්වයෝ සත් දවසක් ම දේවතාවුන්ට වීණා නාදය ඇස්සෙව්වා. එය දිව්‍ය වීණානාදය අභිභවා ගියා. සත්වෙනි දවසින් පස්සේ දෙව්දූවරුන්ගේ කල්‍යාණ පුණ්‍යකර්මයත් ඇසුවා.

එක් දෙව්දුවක් කාශ්‍යප භාග්‍යවතුන් වහන්සේගේ කාලයේ එක් රහත් භික්ෂුවකට සිවුරු පිණිස උතුම් වස්ත්‍රයක් පූජා කරගෙන ඒ පින් බලයෙනුයි සක්දෙව්දුගේ සේවිකාවක් ලෙස උපන්නේ. ඈ අප්සරාවන් දහසක පිරිවර ඇති උත්තම දේව කන්‍යාවක්.

එක්තරා ස්ත්‍රියක් භික්ෂූන් වහන්සේ නමකට චෛත්‍ය පූජාව පිණිස සමන්මල් පූජා කරලා. තව ස්ත්‍රියක් චෛත්‍යයකට සුවඳ පිඬක් පූජා කරලා. තව ස්ත්‍රියක් සංඝයා උදෙසා මියුරු එලවැල පූජා කරගෙන. තව ස්ත්‍රියක් සංඝයා උදෙසා ප්‍රණීත බොජුන් පුදාගෙන. තව ස්ත්‍රියක් කාශ්‍යප දසබලයන් වහන්සේගේ මහා සෑයට සුවඳ පිඬක් පූජා කරගෙන. තව ස්ත්‍රියක් මග වඩින භික්ෂු, භික්ෂුණීන් ලවා ගෙදර උදවියට බණ අසන්ට සලස්වලා. තව ස්ත්‍රියක් නැවේ වඩින භික්ෂුවකට දන් වළඳන වේලාවේ පැන් පූජා කරගෙන. තවත් ස්ත්‍රියක් තමන්ට නිතරම බණිමින් සිටින නැන්දම්මාටයි මාමණ්ඩියටයි මෙත්සිත පතුරා ඉඳලා. තව ස්ත්‍රියක් තමන් ලද ආහාර කොටස තනියම නොකා බෙදා හදාගෙන අනුභව කොට සිල් රැකලා. තව ස්ත්‍රියක් නිහතමානීව මෙත් සිත වඩලා.

මේ ආකාරයට ඒ ඒ දෙව්දියණිවරු ගුත්තිල පඬිතුමාට තම තමන් කරගත් පින්කම් විස්තර කළා. බෝධිසත්වයෝ බොහෝම සතුටු වුනා. "අනේ මට මෙවැනි පින්කම් කළ අය ගැන විස්තර අසන්ට ලැබීම සතුටක් ම යි. මං මේ දෙව්ලොවට ආ නිසා ඉතා සුළු පිනක් කරගත් අයත් දෙව්සැප ලබා සතුටින් ඉන්නා බව අසන්ට ලැබුනා. මං දැන් මිනිස්ලොවට ගොහින් මාත් දානාදී පින්කම් කරන්ට පටන් ගන්නවා" කියා මේ ප්‍රීති ගාථාවන් පැවසුවා.

(1)

සැබැවින් ම අද මම් දෙව්ලොවට
- **පැමිණීම නම් ඉතා යහපත ගමනෙකි**

මා හට උදා වූයේ සොඳුරු වූ හිමිදිරියකි
- **සොඳුරු වූ අවදිවීමකි**

කැමති සේ සතුටින් වසනා
- දෙව් ලඳුන් මා නෙතට හමුවුනි

(2)

මේ දෙව්ලඳුන් පෙර කල
- කරන ලද පින්කම් අසා
- මම් ද තුටු වූයෙමි
මනුලොව ගොසින් මම
- කරනෙමි බොහෝ කුසල්,
- දන්පැන් ද පුදදෙමි
ඉඳුරන් ද රැකගෙන
- උතුම් සිල් ගුණ සපුරමි,
- යහපතෙහි හැසිරෙමි
යම් තැනක ඉපදුන විට
- සෝකයක් නැත්තේ නම්
- මම් ද එතැනට යමි

ඊට පස්සේ සක්දෙවිඳු බෝධිසත්වයන්ව බරණැසට නැවත කැඳවාගෙන ගියා. ගුත්තිලාචාර්යතුමා බරණැසදී තමා දෙව්ලොව ඇසූදුටු සෑම දෙයක් ම මිනිසුන්ට පැහැදිලි කළා. මිනිස්සුත් බොහෝ පින්කම් කරන්ට පටන් ගත්තා.

මහණෙනි, එදා මූසිල වෙලා සිටියේ දේවදත්ත, සක්දෙවිඳු වෙලා සිටියේ අපගේ අනුරුද්ධයෝ. රජ්ජුරුවෝ වෙලා සිටියේ අපගේ ආනන්දයෝ. ගුත්තිල ගාන්ධර්වයාව සිටියේ මම ය" කියා භාග්‍යවතුන් වහන්සේ මේ ජාතකය නිමවා වදාළා.

# 04. වීතිච්ඡ ජාතකය

## තෘෂ්ණා රහිත උතුමන්ට නමස්කාර කළ කතාව

පින්වතුනේ, පින්වත් දරුවනේ,

අනවශ්‍ය වාද විවාදවලට පැටලෙන්ට ඇතැම් අය හරි ආසයි. ඔවුන් හිතාගෙන ඉන්නේ ඒක මහා සපන්කමක් කියලයි. ඇත්තෙන්ම ඒක ඔවුන්ගේ උඩඟුකම මිසක් වෙන දෙයක් නොවෙයි. මෙයත් එබඳු කතාවක්.

ඒ දිනවල අපගේ භාග්‍යවතුන් වහන්සේ වැඩ වාසයකොට වදාළේ සැවැත්නුවර ජේතවනයේ. ඔය කාලයේ අනුන්ගේ ඇදකුද සොයමින් ඔවුන් හා වාද විවාද කරන එක්තරා තාපසයෙක් සිටියා. මොහු අනුන්ට දොස් කිය කියා දඹදිව පුරාම ඇවිද යනවා. එහෙම යන අතරේ සැවැත්නුවරටත් ආවා. ඔහු මිනිසුන් මැද මෙහෙම කියනවා.

"මේ.... ඔහේලා දන්නවැයි මං කවුදැයි කියාලා. මාත් එක්ක වාද කොරලා හිටං දිනපු එකෙක් මේ ජම්බුද්වීපේ නෑ ඕං.... හරි තමුසෙලා දන්නවා නම් කියනවා එහෙනම් මාත් එක්ක වාද කතාවේ හැප්පෙන්ට ඇහැක් කෙනෙක් ඉන්නවාද කියලා?"

"ඕ..... ඔය තාපසින්නාන්සේට වැරදීමක් වෙලා. මේ සැවැත්නුවර ජේතවනයේ වැඩ ඉන්නේ සම්මා සම්බුදුරජාණන් වහන්සේ. උන්නාන්සේ තරම් සුවිශාරද, සියලු වාද කතාවන් ඉක්මවා ගිය කෙනෙක් වෙන කොයින් ද?"

එතකොට මහජනයා පිරිවරාගෙන ඒ තවුසා දෙව්රමට ගියා. භික්ෂු - භික්ෂුණී - උපාසක - උපාසිකා යන සිව්වණක් පිරිස මැද්දේ දහම් දෙසමින් වැඩ සිටි අපගේ භාග්‍යවතුන් වහන්සේගෙන් ඔහු දන්නා ප්‍රශ්න ඇසුවා. ඒ සියල්ලට ශාස්තෲන් වහන්සේගෙන් නිසි පිළිතුරු ලැබුනා. ඊට පස්සේ ඔහුට අසාගන්ට දෙයක් නැතිව ගියා. එතකොට භාග්‍යවතුන් වහන්සේ "එක කියන්නේ කුමක්ද?" කියා ඇසුවා. ඔහුට ඒ ප්‍රශ්නය තේරුනේ නෑ. ඔහු අන්දමන්ද වුනා. කරකියා ගන්ට දෙයක් නැතිව හෙමිහිට නැගිටලා වහා පලාගියා. එතැන වාඩි වී උන් පිරිස මොහුගේ පසු බා පලා යෑම ගැන අනුකම්පා කොට "ස්වාමීනී, පරිබ්‍රාජකයා එක පදයෙන් ම සවුත්තු වෙලා ගියා නේද?" කියා ඇසුවා. "උපාසකවරුනි, ඔය පුද්ගලයා එක පදයෙන් ම ගැරහීමට ලක්ව පසු බැස ගියේ මේ ආත්මේ විතරක් නොවේ. මීට කලින් ආත්මෙකත් ඔහුට ඕක ම යි වුනේ" කියා භාග්‍යවතුන් වහන්සේ මේ අතීත කතාව ගෙනහැර දක්වා වදාළා.

"මහණෙනි, ගොඩාක් ඉස්සර කාලෙක බරණැස බ්‍රහ්මදත්ත නමින් රජ්ජුරු කෙනෙක් රාජ්‍ය කරමින් සිටියා. ඔය කාලේ මහා බෝධිසත්වයෝ කාසි රටේ බ්‍රාහ්මණ පවුලක උපන්නා. වයසින් මුහුකුරා ගියාට පස්සේ ගිහි ගේ අත්හැර ඍෂි පැවිද්දෙන් පැවිදිවෙලා බොහෝ කලක් හිමාලයේ වාසය කළා.

ඊට පස්සේ ඔහු හිමාලයෙන් පහළට ඇවිත් එක්තරා නියම්ගමක් ආසන්නයේ ගංගාව බැසයන තැනක පන්සල් කුටියක් කරවාගෙන වාසය කළා. දවසක් අනුන් හෙළා දකිමින් දඹදිව පුරා වාද කරමින් යන එක්තරා තාපසයෙක් ඒ නියම්ගමට ආවා.

"මේ.... ඕයි.... මෙහෙ එනවා. පුළුවන් නම් කියනවා බලන්ට මාත් එක්ක වාද කොරලා දිනන්ට පුළුවන් කවුරුවත් මේ දඹදිව ඉන්නවා ද කියලා."

එතකොට මිනිස්සු මෙහෙම කිව්වා. "හෝ.... ඇයි නැත්තේ.... අපේ තාපසින්නාන්සේ ඉන්නවා. උන්නාන්සේගේ ආනුභාවය ඔහේ දන්නෙ නෑ."

"හා.... එහෙනම් යමු බලන්ට" කියලා මහජනයා පිරිවරාගෙන මොහු බෝධිසත්වයෝ වාසය කරන කුටියට ගියා. ගිහින් පිළිසඳර කතාබස් කොට වාඩිවුනා. බෝධිසත්වයෝ මොහු ගැන කිසිත් නොදන මොහුට උපස්ථාන පිණිස මෙහෙම ඇහැව්වා. "පින්වත් තාපසය, හිමාල වනයේ සුගන්ධය කැවී ගිය ගංගා නදියේ මිහිරි පැන් ස්වල්පයක් වළඳිමු නේද?"

එතකොට තාපසයා කෙලින් ම වාදෙට බැස්සා. "මොන ගංගාවක් ද? ඒ කියන්නේ වැලි ගංගාව ද? ජල ගංගාව ද? මෙතෙර ගංගාව ද? එතෙර ගංගාව ද?"

එතකොට බෝධිසත්වයෝ මෙහෙම ඇසුවා. "පරිබ්‍රාජකය, ඔහේ හිතන්නේ වැලිත් නැතිව, ජලයත් නැතිව, එතෙරකුත් නැතිව, මෙතෙරකුත් නැතිව ගංගාවක් තියේ කියලා ද?"

පරිබ්‍රාජකයා අන්දමන්ද වුනා. උන්හිටි තැන් අමතක වුනා. මොකවත් ම උත්තරයක් නොදී නැගිට

පලා ගියා. එතකොට බෝධිසත්වයෝ එතැනට රැස්වූ පිරිසට දහම් දෙසා මේ ගාථාවන් පැවසුවා.

(1)

ගලා බසින දිය කඳ දැක
- නදියක් බව දැන ගන්නට
- කැමැත්තක් ද නැත්තේ
දිය නැති තැන නදියක් නැත,
- එබඳු ගඟක් දකින්නටයි
- ආසාවක් ඇත්තේ
වැලි දිය හා ඉවුරු නොමැති
- ගඟක් සොයා වෙන්නැති
- බොහෝ කල් යනවා ඇත්තේ
ලබාගන්නට නොහැකි දෙයක්
- ලබනු කැමැත්තෙන් වෙන්නැති
- ඔහු යනවා ඇත්තේ

(2)

ලැබෙන්නෙ ලොව තියෙන දෙයකි
- එයින් සතුටු වෙන්නැති නම්
- කුමක් කරන්නේ
ලැබුනු දෙයට පිළිකුල් කොට
- ලබාගන්ට බැරි දේ ඇයි
- පතා සිටින්නේ
ලාමක තණ්හාවට නම්
- කොණක් පොටක් නොමැති තරම්
- දේ ම පෙනෙන්නේ
එනිසා තණ්හා නැති කළ
- මුනිවරුනට අප සැම
- නැමදිය යුතු වන්නේ

මහණෙනි. එදා බෝධිසත්වයන් එක්ක වාදෙට ඇවිත් පලාගිය පරිබ්‍රාජකයා ම යි අදත් පලාගියේ. එදා ඔහුට නිසි පිළිතුරු දුන් තාපසයාව සිටියේ මම ය" කියා භාග්‍යවතුන් වහන්සේ මේ ජාතකය නිමවා වදාළා.

# 05. මූලපරියාය ජාතකය

## මූලපරියාය සූත්‍ර දේශනාව මුල් කොට වදාළ කතාව

පින්වතුනේ, පින්වත් දරුවනේ,

මේ සසර ස්වභාවය හරි පුදුමයි. සිතක පිහිටන හොඳ වේවා නරක වේවා, ඒ ගතිගුණ දිගින් දිගටම සිතෙන් බැහැර නොවී පුරුදු හැටියට පවතිනවා නොවැ. මේ කතාවක් එබඳු දෙයක්.

ඒ දිනවල අපගේ භාග්‍යවතුන් වහන්සේ වැඩ වාසය කළේ උක්කට්ඨා නුවර සුභග වනයේ. ඔය කාලේ ත්‍රිවේදයේ පරතෙරට ඉගෙන ගත් බමුණෝ පන්සිය දෙනෙක් බුද්ධශාසනයේ පැවිදි වෙලා සිටියා. ධර්ම විනය හොඳින් ඉගෙන ගත්තාට පස්සේ ඒ බ්‍රාහ්මණවංශික භික්ෂූන් තුළ මාන්නයකුයි හටගත්තේ. 'සම්මා සම්බුදුරජාණන් වහන්සේ අවබෝධ කළ දේ තමයි ධර්ම - විනය කියන්නේ. ඉතින් අපිත් දැන් ඒවා දන්නවා නොවැ' කියලා තමනුත් ශාස්තෘන් වහන්සේට සමානය කියා සිතා ගත්තා. එනිසා අපට අමුතුවෙන් පුහුණු වෙන්ට දෙයක් නෑ කියලා භාග්‍යවතුන් වහන්සේට උපස්ථාන පිණිසවත් ගියේ නෑ.

අපගේ භාග්‍යවතුන් වහන්සේ දන්නවා මේ භික්ෂූන්ට සාංසාරික දෝෂයක් නිසා මෙහෙම වුනාට පන්සිය නමට ම රහත් වෙන්ට පින තියෙන බව. නමුත් උඩඟු බව නිසා ධර්ම මාර්ගය විවෘත වෙන්නේ නෑ.

දවසක් භාග්‍යවතුන් වහන්සේ ඒ භික්ෂූන් අමතා ඉතාම අද්භූත අසිරිමත් දේශනාවක් කොට වදාළා. "මහණෙනි, මං ඔබට සියලු ධර්මයන්ට මුල් වූ කරුණු කියා දෙන්නම්" කියා පෘථග්ජන භූමිය, ආර්ය සේඛ භූමිය, පළමු ක්ෂීණාශ්‍රව භූමිය, දෙවන ක්ෂීණාශ්‍රව භූමිය, තෙවන ක්ෂීණාශ්‍රව භූමිය, සිව්වන ක්ෂීණාශ්‍රව භූමිය, පළමු තථාගත භූමිය, දෙවන තථාගත භූමිය වශයෙන් අෂ්ට භූමියෙකින් ප්‍රතිමණ්ඩිත මූල පරියාය සූත්‍ර දේශනාව වදාළා.

එදා තමයි ඒ භික්ෂූන්ගේ ඇස් ඇරුනේ. "අනේ අපට භාග්‍යවතුන් වහන්සේ වදාළේ කිසිම දෙයක් වටහා ගන්ට බැරි තරම් ගාම්භීර දෙසුමක් නොවැ. අනේ අපි හිතාන සිටියේ අප තරම් පණ්ඩිතයෝ නැත කියලා. දැනුයි තේරෙන්නේ අපි මොකොවත් දන්නේ නැත කියලා. අපගේ භාග්‍යවතුන් වහන්සේ සමාන මහා ප්‍රඥාවන්තයෙක් මේ තුන්ලෝකෙ ම නෑ. අහෝ.... බුදුගුණ නම් ආශ්චර්ය යි!" කියලා බොහෝ සේ සිත් පැහැදුනා.

එදා පටන් ඒ භික්ෂූන් වහන්සේලා විෂ දළ ඉවත් කළ සර්පයන් වගේ මානවිෂ රහිතව වාසය කළා. ශාස්තෘන් වහන්සේ උක්කට්ඨා නුවර කැමැති කල් වාසය කොට විශාලා මහනුවරට වැඩියා. විසල්පුර ගෝතමක යක්ෂ භවනේදී ගෝතමක සූත්‍රය දේශනා කොට වදාළා. එදා සහස්‍රී ලෝකධාතුව කම්පා වුනා. ඒ දේශනාවට සවන්

දුන් ඒ බ්‍රාහ්මණවංශික සියලු භික්ෂූන් වහන්සේලා අරහත් ඵලයට පත් වුනා.

භාග්‍යවතුන් වහන්සේ මූලපරියාය සූත්‍ර දේශනාව වදාළ දවසේ බ්‍රාහ්මණ වංශික පන්සියයක් භික්ෂූන් වහන්සේලාගේ මානමද බිඳී ගිය බව දත් භික්ෂූන් වහන්සේලා දම්සභා මණ්ඩපයේදී මේ ගැන කතා කරමින් සිටියා. "හප්පේ.... ඇවැත්නි... භාග්‍යවතුන් වහන්සේගේ බුද්ධානුභාවය නම් මහා ආශ්චර්ය යි! අද ධර්මදේශනාවත් එක්කම ඒ භික්ෂූන් ඉතාම නිහතමානී වුනා නොවැ" කියලා. ඒ අවස්ථාවේ භාග්‍යවතුන් වහන්සේ එතැනට වැඩම කොට වදාළා. භික්ෂූන් වහන්සේලා තමන් කතා කරමින් සිටි කරුණ භාග්‍යවතුන් වහන්සේට සැළකළා. භාග්‍යවතුන් වහන්සේ මෙසේ වදාළා.

"මහණෙනි, ඔය පිරිස හිස මතට ගත් මහා මාන්නයෙන් යුතුව වාසය කරද්දී මං ඔවුන්ගේ මානය දුරුකළේ මේ ආත්මයේ විතරක් නොවේ. කලින් ආත්මෙකත් මාන්නයෙන් සිටිද්දී ඔවුන්ව නිහතමානී කළා" කියා මේ අතීත කතාව ගෙනහැර දක්වා වදාළා.

"මහණෙනි, ගොඩාක් ඉස්සර කාලෙක බරණැස්පුරේ බ්‍රහ්මදත්ත නමින් රජ්ජුරු කෙනෙක් වාසය කළා. ඔය කාලේ මහා බෝධිසත්වයෝ බ්‍රාහ්මණ පවුලක උපන්නා. වයසින් වැඩෙද්දී ත්‍රිවේදයෙහි පාරප්‍රාප්ත වෙලා බරණැස දිසාපාමොක් ආචාර්යව පන්සියයක් බ්‍රාහ්මණ මානවකයන්ට ශිල්පශාස්ත්‍ර උගන්වමින් සිටියා. ස්වකීය ආචාර්යවරයාගෙන් ශිල්ප හදාළ තරුණයින්ට මෙහෙම සිතුනා. 'අපි යම්තාක් ශිල්පයන් දන්නවාද අපගේ ආචාර්යපාදයොත් දන්නේ එච්චර තමා. අමුතු

විශේෂත්වයක් නෑ' කියා දැඩි මාන්නයකින් උඩගුව ආචාර්යපාදයන්ට උපස්ථානවත් දක්වන්ට ගියේ නෑ.

දවසක් දිසාපාමොක් ආචාර්යයෝ එක්තරා මසං රුකක් සෙවනේ වාඩි වී සිටියා. ආචාර්යපාදයන්ව රවට්ටන්ට ඕනෑ කියලා හිතාගෙන ඒ තරුණයන් ඇවිත් අරටු රහිත මසං රුකට නියපිටින් තට්ටු කොට "ෂැක්... මේ ගසේ අරටුවක් නෑ නොවැ" කියලා උපහාස කතාවක් කිව්වා. ඒ කතාව තමන්ට යි කිව්වේ කියලා බෝධිසත්වයන්ට තේරුනා. බෝධිසත්වයෝ තම ශිෂ්‍යයන්ගෙන් මෙහෙම ඇසුවා. "හා.... ළමයිනේ.... මං ඔයාලාගෙන් එක ප්‍රශ්නයක් අහන්නම් හොඳේ" "එහෙමයි ආචාර්යපාදයෙනි, අසනු මැනව."

එතකොට ආචාර්යපාදයෝ මේ ගාථාවෙන් ප්‍රශ්නය ඇසුවා.

(1)

**කාලය යනු ලොවේ සිටින සත්වයන්ව**
**- කා දමනා දෙයකි කියන්නේ**
**සියල්ල කා දමනා එය අන්තිමේදි**
**- තමා පවා සප කරලන්නේ**
**එනමුදු එක් අයෙක් සිටියි ඔහු කාලය**
**- ඉතිරි නොකොට නැති කරලන්නේ**
**ඔහු කාලය නසා දමා ගින්නෙන් වනසා**
**- නැත්තට නැති කරලන්නේ**

බ්‍රාහ්මණ තරුණයන්ගෙන් කාටවත් මේ ගාථාවේ අර්ථය මොකක්ද කියා තෝරාගන්ට බැරිව ගියා. ඔවුන් අන්දමන්ද වෙලා උඩ බිම බලන්ට පටන් ගත්තා. "ළමයිනේ.... ඔයාලා වේදය දනගත් පමණින් හැම දෙයක්

ම තුන්වේදයේ තියෙනවා කියා සිතන්ට එපා. අපි දන්නා දේවල් ම නොවැ අපගේ ආචාර්යපාදයොත් දන්නේ කියාලා මහා ලොකුවට හිතට අරගෙන නේද මාව මසං රැක ගාණට දමාලා කතා කෙරුවේ.... හරි... එතකොට දැන් ඔයාලා සෑහෙන්ට දන්නවා නොවැ. මං හරියට ම සතියක් දෙන්නම්. ඇහැකි නම් ඒ සතිය ඇතුළත මං කියූ ගාථාවේ තේරුම සොයාගෙන මට කියන්ටකෝ" කියලා බෝධිසත්වයෝ ගුරු නිවසට ගියා.

සතියක් ගත වුනා. ළමයි ඔක්කොම කිසිම හැලහොල්මනක් නැතිව හිස බිමට නමාගෙන ඇවිත් බෝධිසත්වයන්ට වන්දනා කොට වාඩිවුනා. "කොහොමද ළමයි.... මං කියපු කාරණාව අර්ථ වශයෙන් අවබෝධ කරගත්තාද?" "නෑ ආචාර්යපාදයෙනි"

එතකොට බෝධිසත්වයෝ ඔවුන්ගේ ලාමක උඩඟුකමට ගරහමින් මේ ගාථාව පැවසුවා.

**(2)**

**ලොවේ බොහෝ මිනිසුන් හට**
**- පැසුනු කෙසින් යුතු ඔලුගෙඩි තියෙන්නේ**
**බෙල්ල හරව හරව ඔවුන් ලෝකය දෙස**
**- ඒ ඔලුවෙන් බලන්නේ**
**කනුත් සිදුරු කොට ඔහෙලා**
**- තවත් හිතට ගෙන නොවෙදෝ සිටින්නේ**
**නමුත් තමන්හට නුවණක්**
**- නැති බව නම් මේ කවුරුත් නොදන්නේ**

දැන් තේරුණාද ළමයිනේ, ඔහේලා හිසේ කෙස් තිබුණ පමණින් නුවණත් තියෙනවා කියලා නේද හිතාන හිටියේ. ඔන්න එහෙනම් දැන් අහගන්න. "කාලය විසින්

සත්වයන්ව කා දමනවා කිව්වේ කාලයට මුහුණ දී සිටින සත්වයන්ට ක්‍රමක්ක්‍රමයෙන් තමන්ගේ ආයු, වර්ණ, සැප, බලාදිය අහිමි වී යනවා. අන්තිමේ මැරී යනවා.

නමුත් තව කෙනෙක් ඉන්නවා. ඔහු තෘෂ්ණාව නැතිකළ ක්ෂීණාශ්‍රව මුනිවරයෙක්. ඔහු සසර ගමනින් නිදහස් නිසා ඔහුව කාලය විසින් කාදමන්නේ නෑ. ඔහු කාලයට ඒ අවස්ථාව නොදී කාලය නැති කරනවා. කාලයට හසුවූ සත්වයන් සතර අපා දුකට වැටෙනවා. නමුත් ක්ෂීණාශ්‍රව මුනිඳුන් නුවණ නමැති ගින්නේ සසරේ ඇදගෙන යන තෘෂ්ණාව පුළුස්සා නැති කොට දමනවා. "ඔන්න ඕකයි මා කියූ ඒ ගාථාවේ තේරුම" කියා බෝධිසත්වයෝ පහදා දුන්නා. එතකොට අර පන්සියයක් තරුණ මානවකයෝ "අහෝ! අපගේ ආචාර්යපාදයෝ මහා නුවණින් යුක්තයි!" කියා මාන මද අත්හැර බෝසතුන්ගෙන් සමාව ගත්තා. එදා පටන් නිහතමානීව ගුරුඋවටැන් පිණිස පැමිණියා.

මහණෙනි, එදා පන්සියයක් වූ මානවකයෝ තමයි මෙදා බ්‍රාහ්මණ වංශික මේ භික්ෂූන්. එදා දිසාපාමොක් ආචාර්යව සිටියේ මම ය" කියා භාග්‍යවතුන් වහන්සේ මේ ජාතකය නිමවා වදාළා.

# 06. තේලෝවාද ජාතකය

## මස් මාංශ අනුභව කිරීම ගැන ගරහන මිනිසෙකුට අවවාද කළ කතාව

පින්වතුනේ, පින්වත් දරුවනේ,

ලෝකයේ එළවළු ආහාර අනුභව කරන අය බොහෝ අවස්ථාවලදී කරන්නේ එය ආයුධයක් කරගෙන මස් මාංශ අනුභව කරන්නන්ට නින්දා අපහාස කිරීමයි. ශුද්ධ ශාඛාහාරීව නිර්මාංශ භක්ෂණයෙහි යෙදුනු නිගණ්ඨනාථපුත්ත මහාකාරුණික භාග්‍යවතුන් වහන්සේට ගරහා නින්දා අපහාස කොට බොහෝ අපායගාමී පව් රැස්කර ගත්තා. මේ එබඳු කතාවක්.

ඒ දිනවල අපගේ භාග්‍යවතුන් වහන්සේ වැඩ වාසය කළේ විශාලා මහනුවර. ඔය කාලේ විශාලා මහනුවර සීහ නමින් සෙන්පතියෙක් සිටියා. මොහු නිගණ්ඨ භක්තිකයෙක්. නිගණ්ඨනාථපුත්‍රගේ ශ්‍රාවකයෙක්. දවසක් නිගණ්ඨනාථපුත්ත භාග්‍යවතුන් වහන්සේට විරුද්ධව වාද කරවන්ට තම ශ්‍රාවක සීහ සේනාපතිව උසි ගැන්නුවා. සීහ සේනාපතිත් ඇවිස්සිලා වාද කොට පරදවන අදහසින් භාග්‍යවතුන් වහන්සේ කරා ආවා. ඇවිදින් වාදයට අදාළ කරුණු ඉදිරිපත් කළා. භාග්‍යවතුන් වහන්සේගේ පිළිතුරුවලින් ඔහුගේ වාදය නිශ්ප්‍රභා වුනා.

නිගණ්ඨනාථපුත්‍ර වැරදි මතයක ඉන්න බව මොහුට වැටහුනා. එතකොට මොහු භාග්‍යවතුන් වහන්සේ කෙරෙහි පැහැදී ඉතා ඕනෑකමින් ධර්මයට සවන් දී සිටියා. මොහු සෝවාන් ඵලයට පත්වුනා. අවබෝධයෙන් යුක්තව ම භාග්‍යවතුන් වහන්සේව සරණ ගියා.

නිගණ්ඨනාථපුත්ත නිතරම පවිත්‍ර ජීවිතය ගැන කතා කළේ නිර්මාංශාහාර භුවා දැක්වීමෙන්. නමුත් තමාව නික්ලේශී භාග්‍යවතුන් වහන්සේට විරුද්ධව උසිගැන්නුවා. දැන් සීහ සේනාපති සැබෑ පවිත්‍ර ජීවිතය කුමක්ද කියා දන්නවා. ඒ නිසා මොහු සෝවාන් ඵලයට පත්වූ මොහොතේ ම පවිත්‍ර ජීවිතයක් පිණිස නිර්මාංශ භක්ෂණය අත්‍යවශ්‍ය යැයි දුරූ මතයත් අත් හැරියා. ඊළඟට මොහු කළේ අපූරු දෙයක්. එනම් වෙළඳපොලේ විකිණීමට ඇති මස් ගෙනැවිත් දානයක් පිළියෙල කොට භාග්‍යවතුන් වහන්සේ ප්‍රමුඛ භික්ෂු සංඝයාට පූජා කරන්ට තීරණය කළා.

නිගණ්ඨනාථපුත්ත වාද කිරීම පිණිස භාග්‍යවතුන් වහන්සේ වෙත පිටත් කළ සීහ සේනාපති භාග්‍යවතුන් වහන්සේගේ ශ්‍රාවකයෙක් වූ වග මුළු විශාලාව පුරා ලැව් ගින්නක් වගේ පැතිර ගියා. නිගණ්ඨනාථපුත්ත කෝපයෙන් ගිගුරුවා. නිගණ්ඨ පිරිස් මහත් සේ කම්පා වුනා.

සීහ සේනාපති තෙරුවන් සරණ ගිය දවසට පසුවදා දානය පිණිස භාග්‍යවතුන් වහන්සේ ප්‍රමුඛ භික්ෂු සංඝයාට ඇරයුම් කළා. සීහ සේනාපතිගේ සේවකයෙක් වෙළඳපොළෙන් මස් ගෙනියන ආකාරය නිගණ්ඨයෝ බලාගෙන හිටියා. භාග්‍යවතුන් වහන්සේ භික්ෂු සංඝයා

සමග සීහගේ නිවසට වැඩම කළා. සෙන්පතිතුමා මහත් ශ්‍රද්ධාවෙන් දන් පූජා කරගත්තා. ඔය අතරින් නිගණ්ඨනාථ පුත්තයා විසින් අවුස්සන ලද මහා නිගණ්ඨ පිරිසක් හිස අත් බැඳගෙන කෑ ගසමින් විශාලා මහනුවර වීදි දිගේ සීහසේනාපතිගේ නිවස ඉදිරියෙන් පෙලපාලි ගියා. "ඒයි.... අසාපල්ලා.... ආං.... බලාපල්ලා.... අහෝ..... ශ්‍රමණ ගෞතමයන්ට ගිය කලක්! ආන්.... තමන් උදෙසා මරා දමාපු මහා සිව්පාවෙකුගේ මස් දූන දූන ම අනුභව කරනවෝ.... අහෝ.... විශාලාව විනාසයි!" කියමින් තමන්ගේ කෝපය පිට කළා.

සීහ සේනාපති සැබෑ නිගණ්ඨනාථපුත්ත කව්ද කියා දන්නවා. ඔවුන් තුළ ඇති ඊර්ෂ්‍යාවේ තරම දන්නවා. ඒ නිසා කලබල වුනේ නෑ. ඔවුන් කෑකොස්සන් ගසමින් සිට යන්ට ගියා.

එදා දම්සභා මණ්ඩපයේ රැස් වූ භික්ෂූන් වහන්සේලා මේ ගැන කතා කරමින් සිටියා. "හැබෑටම ඇවැත්නි, බලන්ට මේ නිගණ්ඨනාථපුත්ත පව් රැස් කරගන්නා හැටි. අද මහා නිගණ්ඨ පිරිසක් පිරිවරාගෙන ඇවිත් අපගේ භාග්‍යවතුන් වහන්සේට යි භික්ෂු සංඝයාට යි අභූතයෙන් චෝදනා කරමින් මහා බරපතල විදිහට නින්දා අපහාස කොළා නොවැ." ඒ අවස්ථාවේ භාග්‍යවතුන් වහන්සේ එතැනට වැඩම කොට වදාළා. භික්ෂූන් වහන්සේලා තමන් කතා කරමින් සිටි කරුණ භාග්‍යවතුන් වහන්සේට සැලකළා. භාග්‍යවතුන් වහන්සේ මෙසේ වදාළා.

"මහණෙනි, ඔය නිගණ්ඨනාථපුත්තගේ හැටි. තමන් උදෙසා උයාපිහාපු මස් වළඳනවා කියලා මට නින්දා අපහාස කළේ මේ ආත්මයේ විතරක් නොවේ.

මීට කලින් ආත්මෙකත් ඔය දේ ම කළා.” කියා මේ අතීත කතාව ගෙනහැර දක්වා වදාළා.

“මහණෙනි, ගොඩාක් ඉස්සර කාලෙක බරණැස්පුරේ බ්‍රහ්මදත්ත නමින් රජ්ජුරු කෙනෙක් රාජ්‍ය කළා. ඔය කාලේ බෝධිසත්වයෝ බ්‍රාහ්මණකුලේ ඉපදිලා වයස මුහුකුරා ගියාට පස්සේ සෘෂි පැවිද්දෙන් පැවිදි වෙලා හිමාල වනයේ වාසය කළා. ඉතින් ඒ බෝධිසත්වයෝ කාලෙකට පස්සේ ලුණු ඇඹුල් සෙවීම පිණිස හිමාලයෙන් පහළට ඇවිත් බරණැසට ත් ආවා. පසුවදා බරණැස පිඬුසිඟා ගියා.

එක්තරා මනුෂ්‍යයෙක් මේ තාපසින්නාන්සේව දැකලා හිතුවා “හොඳටම අපහසුතාවයන්ට මොහුව පත් කරන්ට ඕනෑ” කියලා. එහෙම හිතලා තමන්ගේ ගෙදරට වඩමවා ගත්තා. තමන්ගේ නිවැසියන්ගේ පරිභෝජනයට හදාපු මත්ස්‍ය-මාංශ සහිතව දානය පූජා කරගත්තා. තාපසින්නාන්සේත් තමන්ට බෙදා දුන් දන් වැළඳුවා. ඊට පස්සේ මේ මනුස්සයා පැත්තකින් වාඩි වෙලා මෙහෙම කිව්වා.

“හප්පේ.... තමුන්නාන්සේගේ අතින් අද බරපතල වැරැද්දක් නොවැ වුනේ. මේ දානෙට හදාපු මස් තමුන්නාන්සේ උදෙසා ම මරාපු සතෙකුගෙන් හැදුවේ. ඔය අකුසලය මට නම් එන්ට එපා ඕං. තමුන්නාන්සේට ම වේවා!” කියලා මේ ගාථාව කිව්වා.

(1)

**සිල් ගුණයක් නැති මිනිසා -**
**දානෙ දෙන්ට කියා සතුන්හට වධ දෙන්නේ**
**ඒ සතුන්ව මරා ගත්තු මසින් -**

හොඳින් උයා පිහා දානෙත් දෙන්නේ
එලෙසින් සැකසූ දානය -
තමනුත් හොඳහැටි දූනගෙන එය වළඳන්නේ
එබඳු ශ්‍රමණයා හට නම් -
බේරුමක් නැතේ පාපෙන් එය පලදෙන්නේ

මේ පුද්ගලයා තමන්ට ගැරහීම පිණිස මෙසේ කියූ බව දත් බෝධිසත්වයෝ මේ ගාථාව පැවසුවා.

(2)

සිල් ගුණ දම් නැති මිනිසා -
අඹුදරුවන් උනත් මරා උයන්ට ගන්නේ
එසේ උයා ගත් දෙයකින් -
නිවසට වැඩි ශ්‍රමණයන්ට දානෙ පුදන්නේ
පව් නොකරන ශ්‍රමණවරුත් -
මෙත් සිත් පතුරා හැමටම දන් වළඳින්නේ
ඒ අයුරින් දන් වළඳින -
කිසිම ශ්‍රමණයෙකු හට නම් පවක් නොවන්නේ

මෙසේ ගාථාවෙන් පිළිතුරු දුන් විට අර මිනිසා කිසි උත්තරයක් දීගන්ට බැරිව බලාගෙන හිටියා. බෝධිසත්වයන් එතැනින් නැගිට පිටත්ව ගියා.

මහණෙනි, එදා තමන් ම මස් මාංශ පුදා අනුන්ට හිංසාවක් නොකරන තාපසවරුන්ට නින්දා අපහාස කළ මිනිසාව සිටියේ ඔය නිගණ්ඨනාථපුත්ත. තාපසයාව සිටියේ මම ය" කියා භාග්‍යවතුන් වහන්සේ මේ ජාතකය නිමවා වදාළා.

# 07. පාදඤ්ජලී ජාතකය

## මෝඩ විනිශ්චය දුන් පාදඤ්ජලී කුමාරයාගේ කතාව

පින්වතුනේ, පින්වත් දරුවනේ,

නුවණැති කෙනෙකු වෙන්ට මහන්සි නොගෙන මෝඩකම් විතරක් පවත්වන්ට ගියොත් ඒකත් සසර පුරුද්දක් හැටියට තියෙන්ට පුළුවනි. මෙය එබඳු කතාවක්.

ඒ දිනවල අපගේ භාග්‍යවතුන් වහන්සේ වැඩ වාසය කොට වදාළේ සැවැත්නුවර ජේතවනයේ. දවසක් දම්සභා මණ්ඩපයේ වැඩහුන් අපගේ දෑගසව්වන් වහන්සේලා මධුර වූ ධර්ම සාකච්ඡාවක නියැලී සිටියා. එතැනදී සාකච්ඡා වන දහම් ගැටළු ආදියට රහතන් වහන්සේ පිළිතුරු දෙන ආකාරය ගැන සතුටු වූ භික්ෂූන් වහන්සේලා සාධුකාර දෙමින් උන්වහන්සේලාට ප්‍රශංසා කළා. ලාලුදායි නමැති තෙරනමක් පිරිස කෙළවරේ වාඩිවී මෙයට සවන් දීගෙන සිටියා. එතකොට ඒ තෙරුන්ට මෙහෙම හිතුනා. 'අපගේ දැනුම ගැන බලද්දී මේ දෑගසව්වෝ දන්නේ මක්කද හැබෑට!' කියලා සිතා තමන්ගේ තොල්පට හයියෙන් සද්ද කළා. මහරහතන් වහන්සේලා ඒක දැක්කා. ඊට පස්සේ උන්වහන්සේලා ධර්ම සාකච්ඡාව නවත්වා කුටියට වැඩියා. පිරිසත් විසිර ගියා.

එදා සවස දම්සභාවේ රැස්වූ භික්ෂූන් වහන්සේලා

මේ ගැන කතා කරමින් සිටියා. "බලන්ට ඇවැත්නි.... මොනතරම් මනරම් සුමධුර ධර්මකතාවක් ද අපගේ දැගසව්වන් වහන්සේලා පවත්වමින් සිටියේ.... කෝ... ඒත්.... ලාලුදායි පිටිපස්සෙන් වාඩිවෙලා නිශ්ශබ්දව ඉන්නේ නැතිව තොල්පට සද්ද කොරන්ට පටන්ගත්තා නොවැ. ලාලුදායි මේ කරන්නේ අග්‍ර ශ්‍රාවකයන්ට ගැරහීමක් කියලා කාටත් තේරුනා.... මේ වැඩෙන් මොනතරම් උතුම් දහම් කතාවක් ද අපට නැතිවුනේ." ඒ අවස්ථාවේ අපගේ භාග්‍යවතුන් වහන්සේ එතැනට වැඩම කොට වදාළා. භික්ෂූන් වහන්සේලා තමන් කතා කරමින් සිටිය කරුණ භාග්‍යවතුන් වහන්සේට සැළකළා. භාග්‍යවතුන් වහන්සේ මෙසේ වදාළා.

"මහණෙනි, මේ ආත්මේ ත් කලින් ආත්මේ ත් ඔය ලාලුදායි තමුන්නේ තොල්පට ශබ්ද කරනවා හැර ඊට වඩා වෙනත් දෙයක් දන්නේ නෑ" කියා මේ අතීත කතාව ගෙනහැර දක්වා වදාළා.

"මහණෙනි, ගොඩාක් ඉස්සර කාලෙක බ්‍රහ්මදත්ත නම් රජ්ජුරු කෙනෙක් රාජ්‍ය කරමින් සිටියා. ඔය කාලේ මහා බෝධිසත්වයෝ බරණැස් රජ්ජුරුවන්ගේ අර්ථධර්මානුශාසක අමාත්‍යයා වශයෙන් කටයුතු කළා. බරණැස් රජ්ජුරුවන්ට පාදඤ්ජලී නමින් පුත්‍රයෙක් සිටියා. මොහු ටිකාක් මෝඩපහේ, තොල්පොටින් කෙළ හැලෙන කෙනෙක්. පස්සේ කාලෙකදි රජ්ජුරුවෝ අභාවයට පත් වුනා. අමාත්‍යවරු රජ්ජුරුවන්ගේ මෘත ශරීරය පිළිබඳ අවසන් කටයුතු කොට ආයෙමත් රැස් වුනා. දැන් කාටද රාජ්‍ය පවරන්නේ යන්න සාකච්ඡා කරද්දී රාජපුත්‍ර පාදඤ්ජලී කුමාරයාට රාජ්‍ය දෙමු කිව්වා. එතකොට බෝධිසත්වයෝ මෙහෙම කිව්වා. "අදහස නම් හොඳා....

නමුත් මේ කුමාරයා තොල්පටින් කෙළ හලාගෙන ඉන්න, යමක් තේරුම් ගන්ට අපහසු ගතිය ඇති කෙනෙක් නේද. කුමාරයාගේ දක්ෂතා පරීක්ෂා කොට සුදුසු නම් අපි රජකමෙහි පිහිටුවමු!" හැමෝම ඒ අදහසට එකඟ වුනා.

අමාත්‍යවරු කුමාරයාව පරීක්ෂා කිරීම පිණිස නඩුවක් විභාග කරන්ට යොදා ගත්තා. එදා කුමාරයාවත් ළඟින් වාඩි කරවා ගත්තා. නඩුව විභාග කරද්දී වැරදි විනිශ්චයක් දුන්නා. අයිති නැති අයට අයිතිය ලබා දුන්නා. ඊට පස්සේ කුමාරයාගෙන් ඇහැව්වා. "කුමාරයාණෙනි, කොහොමද නියමාකාරයෙන් නඩුව සාධාරණව, යහපත් විදිහට විසඳුනා නේද?" එතකොට කුමාරයා තොල්පට ශබ්ද කළා. එතකොට බෝධිසත්වයෝ මෙහෙම හිතුවා. 'කුමාරයා ඤාණවන්තයෙක් වෙන්ට ඕනෑ. නඩුව හරි විදිහට විසඳුනේ නැති නිසා ඒක තේරුම් ගත්තා කියන කාරණේ වෙන්ට ඕනෑ තොල්පට ශබ්ද කිරීමෙන් ඇඟෙව්වේ.' එහෙම සිතා මේ ගාථාව පැවසුවා.

1. **සැබැවින් අප සැමට වඩා මේ පාදඤ්ජලි කුමරා**
   **නුවණින් බබළන බවයි මෙයින් පෙනෙන්නේ**
   **මේ නඩුවේ තව දුරටත් කළයුතු දේ තියෙන බවයි**
   **තොල්පට හඬ නැංවීමෙන් අපට කියන්නේ**

ඊට පස්සේ ඇමතිවරු තවදුරටත් කුමාරයාව පරීක්ෂා කරන්ට ආයෙමත් නඩු විභාගයක් සංවිධානය කළා. එදාත් කුමාරයාව පසෙකින් වාඩි කරවා ගත්තා. එදා ඉතාම සාධාරණ ආකාරයට නඩුව විසඳුවා. "කුමාරයාණනි, අද අපගේ නඩුව සාධාරණව, යහපත් විදිහට විසඳුනා නේද?" එතකොටත් කුමාරයා තොල්පට ශබ්ද කළා. එදා මොහු සාධාරණ, අසාධාරණ කිසිවක් තෝරාගත

නොහැකි මෝඩ තැනැත්තෙක් බව බෝධිසත්වයෝ අවබෝධ කරගෙන මේ ගාථාව පැවසුවා.

2. **ධර්මය හා අධර්මයත්, යහපත හා නපුරු දෙයත්**
   **තෝරා ගන්නට බලයක් මොහුහට නම් නැත්තේ**
   **සිය තොල් පට හඬවන්නට පමණයි මොහු දන්නේ**
   **ඊට වඩා වෙනත් දෙයක් මොහුට නොතේරෙන්නේ**

එතකොට අමාත්‍යවරු පාදඤ්ජලීට කිසි වැටහීමක් නැති බව තේරුම් ගෙන බෝධිසත්වයන්ව රාජ්‍යයේ අභිෂේක කළා.

මහණෙනි, එදා පාදඤ්ජලී වෙලා සිටියේ ඔය ලාලුදායී තමා. නුවණැති අමාත්‍යයා වෙලා සිටියේ මම ය" කියා භාග්‍යවතුන් වහන්සේ මේ ජාතකය නිමවා වදාළා.

# 08. කිංසුකෝපම ජාතකය

## එරබදු ගස උපමා කොට වදාළ කතාව

පින්වතුනේ, පින්වත් දරුවනේ,

අපි එක් එක්කෙනා අපේ ජීවිත දිහා විවිධ කෝණවලින් බලනවා. අපට ම ආවේණික රටාවකින් තේරුම් ගන්ට මහන්සි ගන්නවා. බොහෝ විට ඒ අනුවයි අපේ රුචි අරුචිකම් පවා හැදෙන්නේ. ඇතැම් අය මෛත්‍රිය පතුරුවාගෙන ඉන්ටයි ආසා. තවත් අය ඥාණ සම්ප්‍රයුක්තව විදර්ශනාව තුළින් ජීවිතය දකින්ට මහන්සි ගන්නවා. තවත් අය ගොඩාක් ශ්‍රද්ධාවන්තයි. එයාලා භාග්‍යවතුන් වහන්සේ ගැන මෙනෙහි කරකර ඉන්ටයි කැමති. අන්තිමේදී නිවන් අවබෝධ කරගන්නා අවස්ථාවේදී ත් තමන් ජීවිතේ දෙස බැලූ ආකාරය උදව් වෙනවා. මේ එබඳු කතාවක්.

ඒ දිනවල භාග්‍යවතුන් වහන්සේ වැඩ සිටියේ සැවැත් නුවර ජේතවනයේ. ඔය කාලේ භික්ෂූන් වහන්සේලා සතර නමක් භාග්‍යවතුන් වහන්සේගෙන් භාවනා උපදෙස් අරගෙන තමතමන් වැඩ සිටින තැන්වලට ගොහින් මහත් කැපවීමකින් යුක්තව ඒ දහම් අවවාද අනුව හැසිරුනා. ඒ තුළින් අති දුර්ලභව ලද උතුම් ශාසන බ්‍රහ්මචරියේ මුදුන්පත් වීම වන උතුම් අර්හත්වයට පත් වෙන්ට වාසනාව උදාකර ගත්තා.

එක් භික්ෂූන් වහන්සේ නමක් ඇස, කන, නාසය, දිව, කය හා මනස යන ආයතන හය මුල් කොට විදර්ශනා වඩා නිකෙලෙස් බවට පත් වුනා. තවත් නමක් රහත් ඵලයට පත් වුනේ රූප, වේදනා, සඤ්ඤා, සංස්කාර, විඤ්ඤාණ යන පඤ්චඋපාදානස්කන්ධයන් මුල්කොට විදර්ශනා කිරීම තුළිනුයි. අනිත් භික්ෂුව රහත් ඵලයට පත් වුනේ පඨවි, අපෝ, තේජෝ, වායෝ යන සතර මහාභූතයන්ගේ යථා ස්වභාවය මුල්කොට විදර්ශනා කිරීම තුළින්. ඊළඟ භික්ෂුව නිවන අවබෝධ කලේ චක්ඛු ධාතු - රූප ධාතු - චක්ඛු විඤ්ඤාණ ධාතු ආදිය මුල්කොට ආයතන හයට ගලපා දහඅට ආකාරයකට විදර්ශනා වැඩීමෙනුයි. එතකොට ධර්මාවබෝධය පිණිස තමන් යොමු වූ පිළිවෙළ එකිනෙකට වෙනස්. මේ භික්ෂූන් වහන්සේලා සිව්නම භාග්‍යවතුන් වහන්සේ බැහැ දක තමන් රහත් ඵලයට පත් වීමට විදර්ශනා කළ ආකාරය ගැනත් ඒ තුලින් තමන්ට නිවන සාක්ෂාත් කරන්ට ලැබුනු බව ගැනත් සැලකොට සිටියා. භාග්‍යවතුන් වහන්සේ ඒ සියලු දෙනාගේ ම අවබෝධය නිවැරදිය කියා අනුමත කොට වදාළා.

අලුත පැවිදි වූ භික්ෂුවක් මේ දෙස බලා සිටියා. එතකොට ඒ භික්ෂුවට මේ අදහස ඇති වුනා. "ෂා....! හරි පුදුමයි! මුන්වහන්සේලා භාවනාවට තෝරාගෙන තියෙන්නේ වෙනස් වෙනස් පිළිවෙළවල්. නානාප්‍රකාරයි. නමුත් හැමෝටම අමා නිවන නම් එකම දෙයකුයි සාක්ෂාත් කරන්ට ලැබුනේ. හැමෝම අරහත්වයට පත් වුනා. අනේ.... කොහොම ද මෙහෙම වුනේ?"

ඉතිං ඒ භික්ෂුව භාග්‍යවතුන් වහන්සේගෙන් මේ ගැන විමසා සිටියා. එතකොට භාග්‍යවතුන් වහන්සේ

මෙසේ වදාළා. "භික්ෂුව, නා නා අවස්ථා තිබුනු එරබදු ගහ දැකපු සහෝදර කුමාරවරුන්ගේ කතාව දන්නවා නේද? ආන්න ඒ වගේ තමයි මේකත්." එතකොට භික්ෂූන් වහන්සේලා භාග්‍යවතුන් වහන්සේගෙන් ඒ ගැන කියාදෙන්ට කියා ඉල්ලා සිටියා. භාග්‍යවතුන් වහන්සේ මේ අතීත කතාව ගෙනහැර දක්වා වදාළා.

"මහණෙනි, ගොඩාක් ඉස්සර කාලෙක බරණැස්පුරේ බ්‍රහ්මදත්ත නමින් රජ්ජුරු කෙනෙක් රාජ්‍ය කළා. ඔය රජ්ජුරුවන්ට පුත්කුමාරවරු සතර දෙනෙක් හිටියා. දවසක් ඒ කුමාරවරු තමුන්නේ රථාචාරියාට කතා කළා. "මිත්‍රය... අපි හරි ආසයි එරබදු ගසක් දකින්ට. අපට එරබදු ගසක් පෙන්වන්ට ඇහැකි ද?" "හා.... කුමාරවරුනි.... මං තමුන්නාන්සේලාට එරබදු ගසක් දකින්ට සලස්සන්නම්" කිව්වා.

ඉතිං ඔහු එහෙම කියලා සතර දෙනාව එක්වරම එරබදු ගස පෙන්වන්ට එක්කරගෙන ගියේ නෑ. වෙන වෙන ම එක්කරගෙන ගියේ. ඒ වගේම එරබදු ගහේ අවස්ථාවනුත් වෙන වෙන ම යි පෙන්නුවේ.

ඉස්සර වෙලා ජ්‍යෙෂ්ඨ කුමාරයාව රථයේ නංවාගෙන වනාන්තරේට එක්කරගෙන ගියා. ගිහින් එරබදු ගසක් පෙන්නුවා. එතකොට එරබදු ගසේ කොළ හැලිලා. කණුවක් වගේ. එරබදු මල් පොහොට්ටු යාන්තමට එනවා.

ඊළඟ කුමාරයාව එක්කරගෙන ගෙනිහින් එරබදු ගස පෙන්නුවා. ඒ ලා දළු නැගී එන කාලෙ. ඊළඟ කුමාරයාව එක්කරගෙන ගොහින් එරබදු ගස පෙන්නද්දී රතු පාට මල් ගහපුරා පිපී තිබුනා. බාල කුමාරයාව

එක්කරගෙන ගොහින් එරබදු ගස පෙන්නුවා. එතකොට ගහ පුරා ගෙඩි තිබුනා.

පස්සේ කාලෙක කුමාරවරු එකට වාඩිවෙලා කතා කරමින් හිටියා. "හා.... කියන්න බලන්ට.... එරබදු ගහ මොන වගේ ද?" "අයියෝ... මං දැක්කා.... එරබදු ගහ ගින්නට අහුවෙච්චි කණුවක් වගෙයි." වැඩිමල් කුමාරයා එහෙම කිව්වේ. "මොන පිස්සු ද? මං හොඳට දැක්කා. හරියට නුගරුකක් වගේ කොළ දළු පිරීලා තියෙන ගසක්." ඒ කිව්වේ දෙවෙනියා. "නෑ... එහෙම නොවෙයි. රතුම රතු පාටට මස් වැදලි වගේ මල් පිරිලා තියෙනවා එරබදු ගහේ. මං හොඳට දැක්කා නොවැ" කියලා තුන්වෙනියා කිව්වා. "අනේ විකාර.... එහෙම නොවේ. මං දැකපු එරබදු ගසයි මහරි ගසයි දෙක ම එක වගේ." කියලා බාල කුමාරයා පිළිතුරු දුන්නා. හතර දෙනා ම කොහොම කීවත් තම තමන් දැකපු විදිහ ගැන විතරයි පිළිගන්නේ. කවුරුවත් අනිත් අයගේ විස්තරේට සතුටු වුනේ නෑ. කාරණේ බේරුම් කරගන්ට බැරුව සතර දෙනා ම රජ්ජුරුවෝ ළඟට ගියා.

"දේවයන් වහන්ස, එරබදු ගස මොන වගේද?" "ඇයි දරුවෙනි එහෙම අහන්නේ? ඔයාලා එරබදු ගස දැකලා තියෙනවා ද?" "එහෙමයි දේවයන් වහන්ස," "හා.... එහෙමනම් කියන්ට බලන්ට ඔයාලා දැකපු එරබදු ගස ගැන." එතකොට සතරදෙනා ම තම තමන් එරබදු ගස දුටු ආකාරය රජ්ජුරුවන්ට කීවා.

රජ්ජුරුවන්ට හිනා ගියා. "දරුවෙනි, ඔයාලා සතර දෙනාම දැක තියෙන්නේ එරබදු ගහ තමා. අපේ රථාචාරියා වෙනස් වෙනස් අවස්ථා සතරකදි එරබදු ගස

දිස්වෙන ආකාරය ඔය සතර දෙනාට වෙන වෙන ම යි පෙන්නලා තියෙන්නේ. මොකද මේ ගස මෙහෙම පෙනෙන්නේ කියා ඔයාලා එයාගෙන් ප්‍රශ්න කළේ නෑ. ඒ නිසා එකම ගසේ ඇති අවස්ථා හතරක් බව දැනගන්ට ලැබුනේ නෑ. ඒ නිසයි සැක උපන්නේ" කියා මේ ගාථාව පැවසුවා.

(1)

කුමාරවරු හැමදෙනා ම -
එරබදු ගස ම යි හොඳහැටි දැකල තියෙන්නේ
ඇයි මේ ගස මෙහෙම කියා -
විස්තර නැසූ හින්දයි සැකේ උපන්නේ
එරබදු ගස දුටුව නමුත් ඒ ගැන -
විමසන්නෙ නැතිව ඇවිත් තියෙන්නේ
රියැදුරුගෙන් ඇසුවා නම් ඒ මොහොතෙම -
මේ ගැන දැනගත හැකි වන්නේ

"මහණෙනි, එදා කුමාරවරුන්ට ගැටළුව ඇතිවුනේ එරබදු ගසේ ඒ ඒ අවස්ථා ගැන රියැදුරුගෙන් අසා දැනගත්තේ නැති නිසයි. මේ භික්ෂුවටත් සැක ඇති වුනේ ස්කන්ධ, ධාතු, ආයතන, මහාභූත යන මේ හැම දෙයක් ම එකම මාර්ගයේ තිබෙන උපකාරක ධර්මයන් හැටියට දැනගන්ට බැරි වූ නිසයි." කියා භාග්‍යවතුන් වහන්සේ මේ ගාථාව පැවසුවා.

(2)

විදසුන් නුවණට මුල්වන හැමදෙයක් ම -
මේ අයුරින් දත යුතු වන්නේ
නොම දැන සිටියොත් හරි හැටි -
ඒ ඒ තැනදී ඔහු හට සැක මතුවන්නේ

**හැම අයුරින් එරබදු ගස -**
**තනි කෙනෙකුන් නුදුටු නිසා පැටලී යන්නේ**
**දහම උනත් නිසි අයුරින් දැකගන්නට -**
**බැරි වූ විට සැකයයි එන්නේ**

මහණෙනි, කුමාරවරු සතර දෙනාට එරබදු ගසේ එක් අවස්ථාවක් පමණයි දැකගන්ට ලැබුනේ. නමුත් ඒ හතරදෙනා ගහේ හැම අවස්ථාවක් ම දැක්කා නම් සැක හටගන්නේ නෑ. ඒ වගේම ස්කන්ධ, ධාතු, ආයතන, මහාභූත ආදී දුක්ඛාර්ය සත්‍යයට අයත් මූලික ධර්මයන් හොඳින් දැකගන්ට බැරි වුනොත් ආදීනව සංඥාව ඇති වෙන්නේ නෑ. ආදීනව නොවැටහුනොත් නිදහස් වෙන්නේ නෑ. ධර්මයත් නිවැරදිව වැටහුනොත් ආශ්වාද, ආදීනව, නිස්සරණාදී හැම දෙයක් ම පැහැදිලිව අවබෝධ වෙනවා. එතකොට නිසැක බවට පත්වෙනවා.

මහණෙනි, එදා බරණැස් රජ්ජුරුවෝ වෙලා සිටියේ මම ය" කියා භාග්‍යවතුන් වහන්සේ මේ ජාතකය නිමවා වදාළා.

# 09. සාලක ජාතකය

## සාලක නමැති රිළවාගේ කතාව

පින්වතුනේ, පින්වත් දරුවනේ,

මේ ලෝකයේ සත්වයන්ගේ ඉරණම සකස් වී තියෙන්නේ සාමාන්‍ය කෙනෙකුට කොහෙත්ම තේරුම් ගන්ට අසීරු ආකාරයකට යි. මෙයත් එබඳු කතාවක්.

ඒ දිනවල අපගේ භාග්‍යවතුන් වහන්සේ වැඩ වාසය කළේ සැවැත්නුවර ජේතවනයේ.

ඔය කාලේ සැවැත්නුවර එක්තරා මහතෙර නමක් වාසය කළා. උන්වහන්සේ සැරපරුෂ ගතිගුණවලින් යුක්තයි. ඒ තෙරණුවෝ පොඩි දරුවෙක්ව පැවිදි කරවා ගත්තා. පැවිදි වූ දා පටන් ඒ සාමණේරයන්ට අර තෙරුන්ගෙන් නොයෙකුත් ඇණුම් බැණුම් ලැබෙනවා. හිරිහැර ලැබෙනවා. පීඩාව ඉවසාගන්ට බැරි තැනේදී පොඩිනම සිවුරු හැර ගෙදර ගියා. එතකොට මහතෙරුන් ඒ පොඩි දරුවාගේ ගෙදර ගොහින් නොයෙක් මිහිරි බස් කියා දරුවාව ආයෙමත් පැවිදිවෙන්ට පෙළඹෙව්වා.

"අනේ දරුවො.... බලන්ට ඔය ළමයා වෙනුවෙන් වෙන් කොරපු සිවුරු පාත්‍රා එහෙම ම යි. මං ඒවා කාටවත් ම දුන්නේ නෑ. අනික මං ළඟ තව සිවුරු තියෙනවා. මං ඒවාත් දෙන්නේ ඔය ළමයාට ම යි. ඔය ළමයා බොහොම

යහපත් කෙනෙක් නොවැ. මං මේ ඒක නොවැ පැහැදිලා ඉන්නේ" යනාදී දේ කියන්ට ගත්තා.

"අනේ ස්වාමීනී.... මට නම් මහණ වෙන්ට බෑ. මට අමාරුයි. මං සුළු දේටත් හරියට බැණුම් ඇහුවා. ගුටිත් කෑවා. මට නම් බැහැ මහණ වෙන්ට."

"අනේ දරුවෝ එහෙම කියලා කොහොමෙයි. දායකයොත් මගෙන් අහනවා අර යහපත් පොඩි උන්නාන්සේ දැන් කොයි කියාලා. මටත් හරි මදි.... එහෙනම් යමං දරුවෝ..."

එතකොට පොඩිදරුවාගේ හිත උණු වුනා. "අනේ අපේ ස්වාමීන් වහන්සේ මං නිසා කරදර වෙනවා නොවැ. එහෙනම් මාත් ගොහින් පැවිදි වෙනවා" කියලා ආයෙමත් තෙරුන් එක්ක ආරාමෙට ගියා. පොඩි දරුවා පැවිදි කළ දවසේ පටන් ආයෙමත් පරණ විදිහ ම යි. තෙරුන්නාන්සේගෙන් දයාවක් අනුකම්පාවක් ලැබුනේ ම නෑ. පීඩාව ඉවසාගන්ට බැරිව දරුවා ආයෙමත් සිවුරු හැර ගෙදර ගියා.

එතකොට තෙරුන්නාන්සේ පොඩි දරුවා සොයාගෙන ආයෙමත් ගෙදරට ආවා. "අනේ මයෙ පුතේ.... ඇයි ඔයා සිවුරු හැරියේ.... අනේ යමු යමු.... ආරාමේ පාලුයි" කියමින් තොදොල් බස් කියන්ට ගත්තා. පොඩි දරුවා මෙවර හොඳටම හිත දැඩි කරගත්තා.

"නෑ.... නෑ.... මට කරන්ට දෙයක් නෑ. මං වින්ද පීඩා හොඳටෝම ඇති. දැන් ද අපි නැතිව බැරි? වඩින්ට වඩින්ට. මං නම් පැවිදි වෙන්නේ නෑ" කියලා ගේ ඇතුළට රිංගුවා. තෙරුන්නාන්සේ බලාගෙන ඉඳලා හිස් අතින් ආවා.

දම්සභා මණ්ඩපයේ රැස්වූ භික්ෂූන් වහන්සේලා මේ ගැන කතා කරමින් සිටියා. "අනේ බලන්ට ඇවැත්නි, අසවල් මහතෙරුන්ට හරි වැඩක් නොවැ වුනේ. ඇවැත්නි, ඔය පොඩි නම බොහෝම හිත හොඳ කෙනෙක්. නමුත් මහතෙරුන්ගේ හැටි දන්නවා. ඒකයි මහණ නොවුනේ."

ඒ අවස්ථාවේ භාග්‍යවතුන් වහන්සේ එතැනට වැඩම කොට වදාළා. භික්ෂූන් වහන්සේලා තමන් කතා කරමින් සිටි කරුණ භාග්‍යවතුන් වහන්සේට සැළකළා. භාග්‍යවතුන් වහන්සේ මෙසේ වදාළා. "මහණෙනි, ඔය දරුවා ඔය භික්ෂුව කෙරෙහි ලෙන්ගතුව හිටියේ මේ ආත්මේ විතරක් නොවේ. කලින් ආත්මෙත් බොහොම ලෙන්ගතුව හිටියා. ඔය භික්ෂුවගේ දෝෂය දැකලයි අත්හැරලා ගියේ" කියා මේ අතීත කතාව ගෙනහැර දක්වා වදාළා.

"මහණෙනි, ගොඩාක් ඉස්සර කාලෙක බරණැස්පුරේ බ්‍රහ්මදත්ත නමින් රජ්ජුරු කෙනෙක් රාජ්‍ය කළා. බෝධිසත්වයෝ සාමාන්‍ය පවුලක ඉපදිලා වයස මුහුකුරා ගියාට පස්සේ ධාන්‍ය විකුණමින් ජීවත් වුනා. ඔය පළාතේ එක්තරා අහිකුණ්ඨිකයෙක් හිටියා. ඔහු ළඟ සෙල්ලම් පුරුදු කරවපු රිළවෙකුයි, විෂ දළ ගලවාපු නයෙකුයි හිටියා. මොහු ජීවත් වුනේ ඔය සත්තු දෙන්නා නටවලා.

බරණැස උත්සව කාලයක් ආවා. අහිකුණ්ඨිකයාත් උත්සවයට සහභාගී වෙන්ට ඕනෑ නිසා බෝධිසත්වයන් ළඟට ගියා. "අනේ යාළුවා.... මට උත්සව වැඩට යන්ට වෙලා තියෙනවා. මං ඇවිත් අරන් යනකල් මේ රිළවා ඔයා ළඟ පරිස්සමින් තියාගන්ට කියලා භාර දුන්නා.

සතියක් පුරා උත්සව පැවැත්තුනා. සතියකින් පස්සේ අභිකුණ්ඨිකයා ආවා. "යාළුවා.... අපේ රිළවා කොහිද?" කියලා ඇහුවා විතරයි ස්වාමියාගේ හඬට කැමැත්තෙන් ධාන්‍ය කඬේ ඉඳන් රිළවා වේගයෙන් අභිකුණ්ඨිකයා ළඟට දිව්වා. එතකොට අභිකුණ්ඨිකයා උණ පතුරක් අරගෙන අර රිළවාට හොඳටම තැලුවා. "හන්.... යමං දැන්" කියලා අරගෙන ගියා. ගිහින් අඹගහක ලණුව ගැටගැහුවා. ගැට ගහලා අඹගස් සෙවනේ නිදා ගත්තා. එතකොට රිළවා තමන්ව ගැටගසා තිබූ බන්ධනය ලිහාගත්තා. එතැනින් පලාගිහින් අඹගසට ගොඩ වුනා. අඹ ගෙඩියක් කාලා ඇටේ අභිකුණ්ඨිකයාගේ ඇඟට අතහැරියා. ඔහුට ඇහැරුනා. වටපිට බැලුවා. රිළවා නෑ. උඩ බලද්දී ගහේ ඉන්නවා. 'මේකාව හෙමිහිට ගහෙන් බිමට බස්සවා ගන්ට ඕනෑ' කියලා තොඳොල් බස් කියමින් මේ ගාථාව පැවසුවා.

(1)

අනේ සුදු පුතේ මගේ,<br>
- ඔයා තමයි එකම පුතා<br>
- මට ඉන්නේ<br>
අපේ ගෙදර සියලු ධනය<br>
- ඔයාට නොවැ දෙන්නට මං<br>
- සිතා සිටින්නේ<br>
ඇයි සාලක ඔයා තවත්<br>
- අඹරුක මත අතු අතරේ<br>
- බලා සිටින්නේ<br>
එන්න දරුවො හනික මගේ<br>
- ළඟට ඇවිත් මාත් එක්ක<br>
- ගෙදර යමන්නේ

එතකොට අඹරුක මත සිටි රිළවා අභිකුණ්ඨිකයාගේ බස් අසා මේ ගාථාව කිව්වා.

(2)

**ලෙන්ගතුකොම මගේ සිතේ -**
**ඔයාට නම් හඳුනගන්ට බැරිව ගියානේ**
**මං දුවගෙන ළඟට එද්දි උණපතුරෙන් -**
**රිදුම් දෙන්ට හොඳටම තැලුවානේ**
**ආසයි මං ගස් අතරේ ඉදුනු ගෙඩි -**
**කකා ඉන්නට මේ ලස්සන අඹවනේ**
**මට කරන්ට දෙයක් නැතේ -**
**ගෙදරට දූන් හුදෙකලාවෙ යනු මැනේ**

කියලා රිළවා ගස් අතරේ නොපෙනී ගියා. මහත් කණගාටුවෙකින් යුක්තව අභිකුණ්ඨිකයා ගෙදර ගියා.

මහණෙනි, එදා උණපතුරෙන් ගුටි කෑ රිළවා වෙලා හිටියේ ඔය සිවුරු හැර ගිය පොඩිනම. අභිකුණ්ඨිකයා වෙලා සිටියේ ඔය මහතෙරුන්. ධාන්‍ය වෙළෙන්දා වෙලා සිටියේ මම ය" කියා භාග්‍යවතුන් වහන්සේ මේ ජාතකය නිමවා වදාළා.

# 10. කපි ජාතකය

## වංචාවෙන් ගිනි තපින්ට ආ වඳුරාගේ කතාව

පින්වතුනේ, පින්වත් දරුවනේ,

අපට ඇතැම් අය වංචා කරද්දී ඇයි මේ අය මෙහෙම කරන්නේ කියල හිතෙනවා. වංචා කරන්ට කිසි ලැජ්ජාවක් නැත්තේ ඇයි ද කියාත් හිතෙනවා. වංචා කරන ගොඩාක් අය ඉන්නේ අවංක අයගේ වේශයෙන්. ඒ නිසා ඔවුන්ට ලේසියෙන් ම අනුන්ව රවටාගන්ට පුළුවනි. ඔය වංචා කිරීම් පවා ගොඩාක් විට සසර පුරුදු ම යි. ඔවුන් නොයෙක් ආත්මවලදී ත් කරලා තියෙන්නේ වංචා කිරීම්. මේ එබඳු කතාවක්.

ඒ දිනවල අපගේ භාග්‍යවතුන් වහන්සේ වැඩ වාසය කොට වදාළේ සැවැත්නුවර ජේතවනයේ. ඔය කාලේ සැවැත්නුවර එක්තරා භික්ෂුවක් සිටියා. ඔහු කාවවත් රවට්ටන්නේ නැති බොරුවක් වංචාවක් නැති යහපත් භික්ෂූන්ව රවටාගෙන තමන්ගේ අවශ්‍යතා සපුරා ගන්නවා. මොහුගේ මේ කුහක වංචනිකභාවය භික්ෂූන් වහන්සේලා කවුරුත් පාහේ දැනගත්තා.

එදා දම්සභා මණ්ඩපයට රැස්වූ භික්ෂූන් වහන්සේලා මෙවැනි අමා නිවන් සුව ලබාදෙන පරම පවිත්‍ර අති දුර්ලභ

සම්මා සම්බුද්ධ ශාසනයක පැවිදි වෙලාත් වංචනික ජීවිතයක් ගෙවීම ගැන මහත් සංවේගයෙන් කතා කරමින් සිටියා. ඒ අවස්ථාවේ භාග්‍යවතුන් වහන්සේ එතැනට වැඩම කොට වදාළා. භික්ෂූන් වහන්සේලා තමන් කතා කරමින් සිටි කරුණ භාග්‍යවතුන් වහන්සේට සැළකළා.

"මහණෙනි, ඕක සසර පුරුද්දක්. ඔය භික්ෂුව වංචනික ජීවිතයක් ගෙවන්නේ මේ ආත්මේ විතරක් නොවේ. කලින් ආත්මෙත් ඔහොම තමා. නැති ගුණ පෙන්නා තමන්ගේ ඕනෑ එපා කම් සපුරා ගන්ට වෑයම් කළා" කියා මේ අතීත කතාව ගෙනහැර දක්වා වදාළා.

"මහණෙනි, ගොඩාක් ඉස්සර කාලෙක බරණැස්පුරේ බ්‍රහ්මදත්ත නමින් රජ්ජුරු කෙනෙක් රාජ්‍ය කරමින් සිටියා. ඔය කාලේ මහා බෝධිසත්වයෝ කාසි රටේ එක්තරා බ්‍රාහ්මණ පවුලක උපන්නා. ඒ බ්‍රාහ්මණයා නිසි වයසේදී බ්‍රාහ්මණියක් කසාද බැන්දා. ඔවුන්ට පොඩි පුතෙකුත් හිටියා. දරුවා කුඩා අවදියේ ම බ්‍රාහ්මණිය හදිසියේ අසනීපව මරණයට පත් වුනා. බෝධිසත්වයන්ට ගිහි ජීවිතේ කලකිරුනා. දරුවාත් වඩාගෙන හිමාල වනයට ගියා. ඍෂි පැවිද්දෙන් පැවිදි වුනා. පුංචි පුත් කුමාරයාවත් සිඟිති තාපසයෙක් කෙරෙව්වා. වනාන්තරේ කුටියක් හදාගෙන දෙන්නා සතුටින් තපස් රැක්කා.

වැහි කාලයක් ආවා. ඒ වැසි සාරමාසේ නොකඩවා ම එක දිගට වැස්සා. වැස්සෙන් තෙමී, සීතලෙන් පීඩාවට පත් එක්තරා වඳුරෙක් සීතලට තට තට ගා දත් සපමින් අමාරුවෙන් හැසිරුනා. බෝධිසත්වයෝ ත් වේලීගිය මහ දර කඳක් කුටියට ගෙනැවිත් ගිනි ඇවිලෙව්වා. ඒ ගිනි රස්නේ ඇති තැනක වූ ඇඳෙහි හාන්සිවෙලා සිටියා.

පොඩි තාපසයා තම පිය තාපසයන්ගේ පා පිරිමදිමින් බිම වාඩිවෙලා හිටියා.

එතකොට අර වඳුරාත් මිය ගොස් සිටි තාපසයෙකුගේ හණවැහැරියක් තාපසයෙකු වගේම හැඳ පොරවා ගත්තා. අඳුන් දිව සමත් එක් අංශයකට කරේ දාගත්තා. තවුස් කදකින් කෙණ්ඩියකුත් ගත්තා. ඈතින් බැලූවිට පේන්නේ තාපසයෙක් වගේ ම යි. හිමින් හිමින් ඇවිත් කුටිය දොරකඩට ආවා. ගිනි තැපීමේ අවශ්‍යතාව පෙන්නමින් සිට ගත්තා. සිඟිති තාපසයා මොහුව දැක්කා.

"අන්න පියාණෙනි, දොරකඩ තාපසයෙක් ඇවිත් ඉන්නවා. සීතලෙන් ගැහි ගැහී වාගෙයි ඉන්නේ. මෙහෙට කථා කළොත් එයාට ඇඟ උණුසුම් කරගන්ට පුළුවනි" කියලා මේ ගාථාව පැවසුවා.

(1)

**පියාණෙනි හරි සංසුන් ලීලායෙන් -**
**ශාන්ත වූ ඉසිවරයෙක් ඇවිත් ඉන්නවා**
**සීත නිසා අමාරුවෙන් -**
**කුටි දොරකඩටත් ඇවිදින් බලා ඉන්නවා**
**කුටිය ඇතුල රස්නෙ නිසා -**
**මෙයාව ඇතුලට කැඳවා ගන්ට හිතෙනවා**
**එතකොට මොහුටත් සුවසේ -**
**වෙහෙස නිවාගෙන යන්නට මග සැලසෙනවා**

එතකොට බෝධිසත්වයෝ ඇඳෙන් නැගිට කවුද කියා බලද්දී මේ තාපස වෙස් අරගෙන ආපු වඳුරෙක් බව හඳුනාගෙන මේ ගාථාව පැවසුවා.

(2)

**හරි සංසුන් ලීලායෙන්**
**- ශාන්ත වූ ඉසිවරයෙක්**
**- නොවෙයි පුතේ ඇවිදින් ඉන්නේ**
**මේකා මහ වඳුරුමොටෙක්**
**- ගස් අතරේ ජීවත් වී**
**- එයින් යැපෙන්නේ**
**හිරිකිත ගතිවලින් යුතුව**
**- කෝපෙන් හැම දේ වනසන**
**- දිවිය ගෙවන්නේ**
**මොහු ඇසුරට ගත්තෝතින්**
**- කුටියත් වනසා දමලයි**
**- මෙතැනින් යන්නේ**

මෙහෙම කියලා බෝධිසත්වයෝ ගිනිපෙනෙල්ලක් අරගෙන තර්ජනය කරලා වඳුරාව එළවා ගත්තා. වඳුරා එතැනින් පැනලා ගියා ගියා ම යි, ආයෙ ඒ පැත්ත පළාතේ ආවේ නෑ. බෝධිසත්වයෝත්, කුමාර තාපසයාත් අභිඤ්ඤා සමාපත්ති උපදවාගෙන වාසය කළා. දෙන්නා ම මරණින් මතු බඹලොව උපන්නා."

භාග්‍යවතුන් වහන්සේ නරක සසර පුරුදුවල ඇති භයානක කම පෙන්වා දී චතුරාර්ය සත්‍යය ධර්ම දේශනාව වදාළා. ඒ දේශනාවට සවන් දී සිටි භික්ෂූන් වහන්සේලා ඒ දෙසුම අවසානයේදී මගඵල ලැබුවා, ඇතැම් භික්ෂූන් සෝවාන් වුනා. සමහරු සකදාගාමී වුනා. තවත් භික්ෂූන් අනාගාමී වුනා.

"මහණෙනි, එදා වංචාවෙන් ගිනි තපින්ට ආ වඳුරා වෙලා සිටියේ ඔය වංචනික භික්ෂුව ම යි. කුමාර

තාපසයා වෙලා සිටියේ අපගේ රාහුල භද්‍රයෝ. තාපසයා වෙලා සිටියේ මම ය" කියා භාග්‍යවතුන් වහන්සේ මේ ජාතකය නිමවා වදාළා.

දසවැනි සිගාල වර්ගය යි.

දෙවෙනි නිපාතය අවසන් විය.

# මහාමේඝ ප්‍රකාශන

පූජ්‍ය කිරිබත්ගොඩ ඤාණානන්ද ස්වාමීන් වහන්සේ විසින් රචිත
සියලුම සදහම් ග්‍රන්ථ සහ ධර්ම දේශනා ලබාගැනීමට

## ත්‍රිපිටක සදහම් පොත් මැදුර

අංක 70/A/7/OB, YMBA ගොඩනැගිල්ල, බොරැල්ල, කොළඹ 08
දුර : 077 47 47 161 / 011 425 59 87
ඊ-මේල් : thripitAkasadahambooks@gmail.com

www.ingramcontent.com/pod-product-compliance
Lightning Source LLC
Chambersburg PA
CBHW060659030426
42337CB00017B/2690
*9789556871418*